非行少年の
立ち直り支援

「自己疎外・家庭内疎外」と「社会的排除」からの回復

廣井いずみ

金剛出版

目　次

序章　本書の目的・論文の構成・用語の定義 ……………………… 7
　第1節　問題の所在と研究の目的 ………………………………… 7
　第2節　本書で使用する用語の定義 ……………………………… 9
　　1. 非行 ………………………………………………………… 9
　　2. 立ち直り …………………………………………………… 10
　　3. 立ち直り支援 ……………………………………………… 11
　　4. 疎外 ………………………………………………………… 12
　　5. 社会的排除（ソーシャル・イクスクルージョン）・
　　　 社会的包摂（ソーシャル・インクルージョン） ………… 13

第Ⅰ部　社会の中での立ち直り支援に関する現状の
　　　　　司法・矯正システムにおける課題 ……………………… 17

　第1章　少年の側から見た現状の司法・矯正システムの課題
　　　　　──「大阪の姉妹刺殺事件」山地死刑囚の事例から── … 19
　　第1節　データ提示 ……………………………………………… 21
　　第2節　内容分析 ………………………………………………… 27
　　　1. 生活の場が定まらないまま，衰退する過程 …………… 30
　　　2. 定職に就くこと …………………………………………… 30
　　　3. 専門機関の支援 …………………………………………… 31
　　　4. 専門機関の連携 …………………………………………… 31
　　　5. 社会の目 …………………………………………………… 31
　　　6. 再犯の動機 ………………………………………………… 32
　　　7. 本人の負因 ………………………………………………… 32
　　第3節　考　察 …………………………………………………… 32
　　　1. 出院後の生活の場の衰退 ………………………………… 32
　　　2. 専門機関での支援 ………………………………………… 34
　　　3. 専門機関の連携 …………………………………………… 36
　　　4. 社会の目 …………………………………………………… 36
　　　5. 社会的排除の進行から自己存在の否定，再非行へ …… 37

— 3 —

第2章　社会の側から見た現状の司法・矯正システムの課題 ……… 39

第1節　公的なデータに見られる人々の非行観 ……… 39
第2節　非行少年に対する類型的捉え方と排除感情 ……… 42
第3節　都市化社会と非行少年に対する深層部分での排除意識 ……… 45
第4節　排除型社会における非行少年の捉え方 ……… 48
第5節　排除型社会と司法・矯正システムの課題 ……… 51

第Ⅱ部　自己疎外・家庭内疎外と社会的排除の連鎖による非行化過程の理解 ……… 53

第3章　青年期における自己疎外と非行
――「居場所」という視点からの非行事例理解―― ……… 55

第1節　親からの分離過程と疎外 ……… 56
第2節　「居場所」――非行理解から立ち直り支援へ ……… 58
第3節　事例提示（事例A） ……… 59
第4節　事例理解 ……… 66
　1. 生育史においてみられる社会適応的傾向と反社会的傾向 ……… 66
　2. 事件の背景要因としての葛藤状態 ……… 68
　3. 試験観察における少年の過剰適応傾向の変化 ……… 68
第5節　考　察 ……… 73
　1.「居場所」がないことと過剰適応 ……… 73
　2. 疎外と非行 ……… 75
　3. 面接者と少年Aのかかわりについて ……… 76
　4. 家庭裁判所における面接者の役割 ……… 81

第4章　家庭内疎外としてのネグレクトと非行
――生育史的視点から―― ……… 83

第1節　非行の背景因としてのネグレクト ……… 84
第2節　事例提示（事例B） ……… 86
第3節　事例理解 ……… 91
　1. 両親の不在・身近な人や環境との別離とそれに対するBの反応 ……… 92
　2. 1回目と2回目の事件係属時における面接結果の比較 ……… 92
第4節　考　察 ……… 95
　1. 両親の情緒的不在と物理的不在が引き起こす家庭内疎外 ……… 95
　2. 家庭内疎外が人格形成に及ぼす影響 ……… 96

　　　　3. ネグレクトが移行期としての青年期に及ぼす影響 …………………… 98
　　　　4. 家庭裁判所における面接者の役割 ………………………………………101

第5章　自己疎外・家庭内疎外と社会的排除による非行化の過程
　　　 ……………………………………………………………………………………103
　　第1節　本章の目的 ……………………………………………………………103
　　第2節　調査Ⅰ　環境調整命令事例にみる少年・家庭・コミュニティ
　　　　　　の関係 ………………………………………………………………………104
　　　　1. 調査方法 …………………………………………………………………104
　　　　2. 調査結果 …………………………………………………………………118
　　第3節　調査Ⅱ　環境調整命令事例にみる養育状況の変遷 ………………123
　　　　1. 調査方法 …………………………………………………………………123
　　　　2. 調査結果 …………………………………………………………………123
　　第4節　考　察 …………………………………………………………………128
　　　　1. 非行化のプロセスに関して，抱える場の衰退と居場所のなさからの検討
　　　　　　――自己疎外・家庭内疎外と社会的排除の悪循環 ………………128
　　　　2. 環境の居場所機能の視点からの「出院アプローチ」
　　　　　　――退所プログラムと leaving care からの示唆 …………………130

第Ⅲ部　社会の中での立ち直り支援とは …………………………………………137
　第6章　個人療法的視点からの立ち直り支援
　　　　　　――司法の枠組みから少年個人の枠組みへ―― ………………139
　　第1節　A事例からの検討 ……………………………………………………139
　　　　1. 居心地に着目した支援――個人の枠組みの強化 …………………140
　　　　2. 過剰適応を含めた全体性に着目した支援 …………………………142
　　第2節　B事例からの検討 ……………………………………………………143
　　　　1.「主訴」につながる薬物使用動機 ……………………………………143
　　　　2. 生育史の聴き取りにおける相互性
　　　　　　――ファクチュアリティとアクチュアリティ ……………………145

　第7章　非行の親支援 ……………………………………………………………149
　　第1節　本章の目的 ……………………………………………………………149
　　　　1. 本章の目的 ………………………………………………………………149
　　　　2. 親支援の必要性 …………………………………………………………150

目　次

　　第2節　調査方法 ································· 151
　　　　1．子の非行で悩む親の会に研究協力者を求めたいきさつ ········ 151
　　　　2．本章でテーマとする「非行」について ················ 152
　　　　3．調査方法 ····························· 153
　　第3節　調査結果 ································· 154
　　　　1．調査協力者の概要 ························· 154
　　　　2．インタビュー結果のコーディング ················· 154
　　　　3．インタビュー結果の図式化——子の受容に至るまで ········ 154
　　第4節　考　　察 ································· 159
　　　　1．子を受容するまでの親と社会との関係性と，
　　　　　　それに伴うイラショナル・ビリーフの変容 ············ 159
　　　　2．親の養育態度の背景にあるイラショナル・ビリーフと世間の目 ···· 162
　　　　3．非行の親の会の相互支援とイラショナル・ビリーフの変容過程 ···· 164
　　　　4．イラショナル・ビリーフの変容がもたらすもの
　　　　　　——子の受容と自己の受容 ····················· 167
　　第5節　本章の限界 ······························· 168

終章　非行少年の立ち直り支援 ··························· 175
　　第1節　少年の視点に立つ統合型立ち直り支援の必要性 ········· 175
　　第2節　統合型立ち直り支援の鍵概念 ················· 176
　　　　1．個別性 ······························ 176
　　　　2．相互性 ······························ 178
　　　　3．継続性 ······························ 180
　　　　4．司法機関・処遇機関における「個別性」「相互性」「継続性」 ··· 181
　　第3節　支援の三概念から導かれる立ち直り支援のあり方
　　　　　　——処遇終了後の先へとつなぐ支援 ················ 183
　　　　1．地域中心から人中心の支援へ ··················· 183
　　　　2．支援をコーディネートする ··················· 183
　　　　3．処遇終了後の先へとつなぐ支援
　　　　　　——人を組み入れた立ち直り支援モデルの提案 ·········· 185
　　　　4．ラップアラウンド・プロセスと本書が提案する支援の違いについて ··· 188
　　　　5．まとめと今後の課題 ······················· 189

あとがき ·· 191
初出一覧 ·· 193

— 6 —

序　章

本書の目的・論文の構成・用語の定義

第1節　問題の所在と研究の目的

　筆者は，家庭裁判所調査官として非行少年の処遇に長年携わってきた。非行を何回も繰り返す少年の多くは，家族，そして社会とのつながりにおいて希薄である。そのような少年たちを目の前にして，教育だけでは足らず，その結果が出るまで支え続ける環境が必要であり，一人でもよいから少年のサポート役を引受けてくれる人に巡り合うことを願ったことが少なからずある。自己の存在価値を確認し，生きることに希望を見出すことができなければ，非行からの立ち直りは難しい。筆者は非行からの立ち直りとは，犯罪行為を行わないようになることに限定されるのではなく，主体的に自分の生き方を捉え，社会とのつながりの中で自己の存在意義を感じ取ることであると考える。

　非行要因は，犯罪傾向につながるような気質面や発達の遅れなど本人の要因に加え，それまでにかかわりのあった人，とくに家族とのかかわり，それまでに受けてきた養育，しつけ，教育など，またその結果身につけた価値観など，家族関係や社会など多様な側面から捉えることができる。

　一般的には，非行という問題行動に対処するには，問題を引き起こした

要因を除去する必要があると捉えられる傾向がある。しかし仮に、非行化の原因が何かに特定されたとしても、問題となった要因を取り除くことは容易ではない。たとえば少年の価値観に問題があった場合、価値観を是正するように働きかけることで少年の非行傾向が除去されると考えられるかもしれない。しかし価値観の是正は、簡単にはいかない。そのような価値観を生んだ、それまでの生き方がかかわっているからである。少年の自己の捉え方や家族関係、学校や友人との関係など、統合的な状況の中で捉え直す必要がある。また、母親の愛情不足が問題であると感じられる事例があったとしても、母親への働きかけだけでは事態は改善されない。誰が母親を支えることができるのかと、視点を広げる必要がある。

　非行からの立ち直りを問題の除去と捉える姿勢には、後に述べる社会的排除や自己疎外につながる問題をはらんでいることを、付け加えておきたい。非行を起こす原因と考えられる問題、たとえば上記に述べたような価値観や、衝動性のような性格傾向は、少年本人と切り離すことができない。したがって問題を除去しようとするものの見方は、少年を排除しようとする動きにつながりやすい。少年を社会的に排除しようとすることは、少年に疎外感を生み、それが非行を惹起することにつながる。そうであるとするなら、非行抑止のためには、問題除去の観点ではなく、少年を社会に統合する視点で捉えなおす必要があると考える。

　立ち直り支援がとくに重要となるのは、法的な処遇終了後である。処遇機関がかかわっている間は、規制もあるが支援につながる可能性もある。しかし処遇が終了すると、家族とのつながりのない少年は、社会とのつながりをも失う可能性がある。社会の中での立ち直り実現には、社会に繋ぐ必要がある。本書では、処遇終了後も社会につながる立ち直り支援について考える。

　立ち直りについては、非行化に比べて研究が未開拓の領域である。先行研究としては、インタビュー調査の結果から援助者との出会いが立ち直り

のきっかけになったとする研究（白井・岡本・栃尾・河野・近藤・福田・柏尾・小玉，2005），犯罪者が処遇や支援を受ける者ではなく，自らが支援者となることにより立ち直りが為されるとする長所基盤アプローチ（津富，2009；Maruna, S., Lebel, T.P., 2009），犯罪者からのリカバリーにとって課題となるのは犯罪の克服ではなく，自尊心の不足，孤立，失業といった社会全般の人と共通する課題であるとする研究（Versey, B.M., Christian, J., 2009）がある。先行研究からも，立ち直りに必要とされるのは，問題の除去ではなく，社会との絆の回復や主体性の回復であることが示されている。

立ち直りが含意するものとして，社会との絆の回復や主体性の回復があるとするなら，立ち直りに何が必要であるのか，少年本人の視点で捉えなおす必要があるのではないかと考える。白井ら（2005）が，本人へのインタビューで明らかにしようと試みたように，立ち直りの過程は，少年本人の視点により明らかにされるものであると考える。

はたして現在の処遇システムは，社会との絆の回復や主体性の回復といった立ち直りの視点から構築されているであろうか。そこに少年の視点が加味されているであろうか。本書では，まず立ち直りの視点から現在実施されている処遇を検討し，課題があるとするならどのような点であるかをあきらかにする。そして現在行われている少年や家族への支援を参考にして，少年の視点から，社会の中での立ち直りを可能にする支援システムを模索し，提案する。

第2節　本書で使用する用語の定義

1. 非行

非行は，社会的文脈の中で意味づけられる現象である。非行の意味づけには，フォーマル，すなわち法的な側面から意味づける側面と，インフォー

マル，すなわち人々が意識的，潜在意識的に意味づける側面がある。非行について法的にどのように規定され，どのような処遇体系が考えられているのかを知ることは，国家が非行問題にどのように対応しようとしているのか，公的な見解を理解することにつながる。一方，インフォーマルに人々がどのように非行を捉えているのかについて検討することは，現実生活において非行少年たちがどのように遇されているのか，とくに社会的排除の問題を考えるうえで必須であると考える。

　本書では，公的機関による処遇についての検討を行う。非行後の疎外，排除を取り上げるが，この場合の「非行」後というのは，非行により法的な処分を受けた後の社会からの反応としての排除を取り上げたいので，非行の定義としては，法的に規定されたフォーマルな意味づけを基本とする。インフォーマルな捉え方については，排除・疎外との関係性を論じる第2章及び非行の親支援を論じる第7章で述べる。

2. 立ち直り

　本書では非行という問題を排除するのではなく，少年の，主体的で統合的な生き方を支援することを目標とすることを述べた。その文脈において，立ち直りとはどのような意味を持つのであろうか。

　立ち直りの類縁の概念として「社会復帰」という概念がある。社会復帰とは，「受刑者が刑事施設における矯正処遇によって更生し，再び社会に戻り自律した生活を立て直すこと」(鴨下・松本，2010)とある。この定義の中には，次のような意味内容が含まれる。第一には，施設処遇を受けることにより反省し，態度や行動をあらためて再犯しないようになること，第二には，施設から社会に出て，自分の力で生活を律することができるようになることである。ここには，少年の主体的な生き方を目指す視点がない。社会復帰とは，国家の視点から捉えた概念定義である。

　VerseyとChristian (2009) は，問題を抱えた当事者たちが描く立ち直り

とは、「問題」からの立ち直りではなく、価値のある、新しい社会的役割（アイデンティティ）の獲得であるという。Maruna（2001=2013, p123）は、犯罪から離脱する者のナラティブに欠かせないのは、「真の自己」、「本当の私」の確立であり、ターナー（Turner）の言葉を借り、「（本当の自己とは）人が自分自身の真の性質について持つ主観的な理解」であると述べ、現代の西洋社会では、人は「深く社会化されていない内面的な感情や衝動として経験されるものの中に、本当の自己への手がかりを探す」と述べる。本書で「本当の私」とは、自己疎外から自由になり、全体として捉えることが可能となった自分とする。したがって立ち直りとは、①自分の一部を否定したり、排除することから自由であること、すなわち自分を全体として捉えることができること、②社会とつながりがあると感じられること、③主体的に人生を営むことができることとした。

3. 立ち直り支援

　立ち直り支援とは、少年の立ち直りに向けて、少年個人に働きかける、あるいは少年と少年を取り巻く環境との関係を結び、環境が立ち直りに向けて円滑に機能するような仕組みをつくることを言う。立ち直り支援の対象者は、非行少年及び子どもの非行で悩む親とする。親を対象に含めた理由は次のとおりである。親は、少年を社会へとつなぐ役割を担うが、非行事例では、親が機能不全に陥り、少年の社会適応を促すことができないばかりか、かえって阻害する場合がある。したがって立ち直り支援を考える場合には、親も含めて支援する必要があると考える。

　立ち直り支援を行うものには、相談機関と個人の相談者の双方を含む。相談機関には公的な相談機関と民間の相談機関を含む。公的な相談機関には、家庭裁判所、保護観察所、少年院、児童自立支援施設などの司法・矯正機関、児童相談所、児童養護施設、福祉事務所などの福祉機関のほか、教育機関、医療機関を含む。私的な相談機関には、セルフヘルプ・グループ、

NPO 団体を含む。個人には，親戚，友人，職場の上司，近隣者などを含む。

4. 疎外

　疎外するとは，「①よそよそしくすること。きらってのけ者にすること。疎遠。疎斥。『疎外感』を指す。②哲学で，人間が，事物や他の人間とかかわるうちに，自己から引き裂かれて本来あるべき自己の本質を奪われてしまい，自己にとって疎遠であるという状態。自己疎外。ヘーゲル哲学では，人間が自分のうちにあるものを外にだし，外に出した自己を他者として，よそよそしいものとみなすこと」とある（『精選版　日本国語大辞典』小学館）。

　疎外の研究は多岐にわたり，拡散しているので，使用法を整理する試みが Seeman（1959）によってなされている。

　Seeman の操作的定義は次のとおりである。

①無力であること（マルクス）
②無意味であること（マンハイム）
③無秩序であること（デュルケム，メルトン）
④孤立していること（ネトラー）
⑤自己疎外感（フロム）

　本書では，疎外感と疎外を使い分ける。疎外感とは，周囲との関係を疎隔されている状況によりもたらされる，孤立感や不安感，不信感などの情動反応，自我の統合性を欠いた状態を指すこととし，疎外とは疎外感を引き起こす過程を指すこととする。なお，次に述べる社会的排除が社会現象を指すのに対して，疎外は個人の内界で生じる過程であるほか，家庭内における関係が疎であることも社会現象と捉えるよりは，個と個の関係であると捉え，疎外に入れることにする。

5. 社会的排除（ソーシャル・イクスクルージョン）・社会的包摂（ソーシャル・インクルージョン）

社会的排除の起源となったのは，フランスにおける 1980 年代の若者失業問題であった。

1993 年の EU（欧州連合）の文書では次のように説明されている。「社会的排除は，現代社会で普通に行われている交換や実践，諸権利から排除される人々を生み出すような複合的で変動する諸要素に用いられる。貧困はもっとも明白な要素の一つであるが，社会的排除はまた，住宅，教育，健康そしてサービスへのアクセスの権利の不適切性をも意味する。それは，個人や集団，とくに都市や地方で，場合によっては差別され，隔離されやすい人々へ不利な影響を及ぼす。それは社会的基盤（インフラ）の脆弱さと，二重構造社会をはじめから定着させてしまうようなリスクと強くかかわっている」(Percy-Smith ed. 2000, p3)。

中村（2006）は排除概念について，次の 5 項目を挙げる。社会的排除は，①多次元的である，②排除に至る過程にも着目する，③一つの領域での排除が他の領域での排除を誘発する累進性を持つ，④資源や材の不足だけではなく，「社会的紐帯」をも問題にする，⑤社会の主流における通常の生活パターンを想定して，社会的排除をそこからの乖離として捉える視角，すなわち「相対性」である。

このように社会的排除とは多元的視点から捉える必要のある概念であるが，一言で述べるならば，「それが行われることが普通であるとか望ましいと考えられる社会の諸活動への『参加』の欠如である」(岩田，2008, p22)。

中村（2006）によると，社会的排除は結果のみならず，排除に至る過程も含む概念であるという。岩田（2008, pp75-77）によると社会的排除の進むプロセスには，社会のメインストリームにしっかり組み込まれていた人が，一気に引きはがされて周縁化するタイプと，家庭的な絆が弱く，住居も転々

としているような,もともと社会との接合の弱いタイプがあり,後者を「中途半端な接合」と呼んでいる。後者の形は,積極的な排除というよりは,部分的な社会参加に留まる状況が長期に継続している点に問題があるとする(岩田,2008, p77)。後者のタイプが,非行少年に多く見られるタイプである。社会的排除と非行との関連を考えるうえで,中途半端な接合と捉えられる,長期にわたる部分的社会参加の在り方には注目しておく必要がある。

　本書では,社会的排除とは,教育,就労の機会が奪われ,養育者をはじめとする生活を支援する社会資源に欠け,ときには生活の場も失い,これらが悪循環することにより,「帰るべき『場所＝ホーム』と『定点』におけるアイデンティティー」(岩田,2008, p11)が失われる過程とその結果を指すこととする。前項で述べた疎外が,主観に注目したことに対し,社会的排除は社会との関係性に注目する。

　社会的包摂とは,「周縁化され排除された人々に対して,(a) 人としての権利を尊重するという基本的立場に立ち,(b) 動員可能なさまざまな資源を提供・開発し,(c) ソーシャル・ボンドを回復させることによって周縁から中心へと移行させ,(d) 社会参画しうる自立した主体となることができるよう支援する社会的な方策とその基盤にある理念を意味する」(森田,2009, p8)こととする。社会的包摂は,個々の方策だけでは,その理念とするところを実現できない。社会全体の社会的,経済的,政治的,文化的諸側面の成熟により支えられることであることを,森田(2009, p8)は強調する。

引用文献

岩田正美(2008) 社会的排除　参加の欠如・不確かな帰属．有斐閣．
鴨下守孝・松本芳枝(2010) 改訂矯正用語事典．東京法令出版．
Maruna, S. (2001) Making Good : How Ex-convicts Reform and Rebuild their Lives. APA books. (津富宏・河野荘子監訳(2013) 犯罪からの離脱と「人生のやり直し」

元犯罪者のナラティブから学ぶ．明石書店）
Maruna, S., Lebel, T.P.（2009）Strengths-based approaches to reentry : Extra mileage toward reintegration and destigmatization. 犯罪社会学研究，34, 59-81.
森田洋司(2009)「はじめに」に代えて．日本犯罪社会学会（編）犯罪からの社会復帰とソーシャル・インクルージョン．現代人文社．
中村健吾（2006）社会理論から見た「排除」—フランスにおける議論を中心に．大阪市立大学経済学研究科 Center for reserch on economic inequality（CREI）Discussion Paprer , 2, 1-23.
Percy-Smith, J.（ed.）（2000）Policy Responses to Social Exclusion : Towards Inclusion? Open University Press.
Seeman, M.（1959）On the meaning of alienation. American Sociological Review, 24（6）, 783-791.
小学館（編）（2005）．精選版 日本国語辞典．小学館．
白井健明・岡本英生・栃尾順子・河野荘子・近藤淳哉・福田研次・柏尾眞津子・小玉彰二（2005）非行からの少年の立ち直りに関する生涯発達的研究（Ⅴ）—非行から立ち直った人への面接調査から．大阪教育大学紀要 第Ⅳ部門，54（1），111-129.
津富宏（2009）犯罪者処遇のパラダイムシフト—長所基盤モデルに向けて．犯罪社会学研究，34, 47-57.
Versey, B.M. & Christian, J.（2009）Moments of transformation: narratives of recovery and identity change. 犯罪社会学研究，34, 7-31.

第 I 部

社会の中での立ち直り支援に関する現状の司法・矯正システムにおける課題

　第Ⅰ部では，少年の視点と社会の視点の双方から，立ち直りをめぐる課題について検討する。少年の視点では，施設退所時に家族の受入れがない事例において，少年が社会とつながることの困難さ，再非行に至った経過について，内容分析により検討する。社会の視点からは，社会が少年の受入れに対してどのような意識を持っているのか，現代の都市化社会に暮らす人々の深層心理レベルから検討する。

第1章

少年の側から見た現状の
司法・矯正システムの課題
――「大阪の姉妹刺殺事件」山地死刑囚の事例から――

　本章では，社会の中での立ち直り支援に関して，現在の司法・矯正システムにどのような課題があるのか，処遇を受ける少年の側からの課題を検討する。社会における立ち直り支援における課題を明瞭に浮かび上がらせてくれるのが，少年院出院後の社会復帰の過程である。とくに保護し，指導する家庭がない場合には，社会とのつながりがないところからの出発となり，本書のテーマである疎外・排除からの回復における課題が明確になると考え，山地死刑囚の事例を引用する。少年時代に実母を殺害し，少年院送致になった山地死刑囚の再犯に至るまでの経過を取り上げた池谷孝司（2009）の『死刑でいいです』に書かれてある山地の生育歴が記載されている部分，第一の母殺しに至る部分及び再犯に至る部分をデータとして抜粋し，内容分析を行う。内容分析とは，「データをもとにそこから（それが組込まれた）文脈に関して反復可能で（replicable）かつ妥当な（valid）推論を行うための一つの調査技術」（Krippendorff, K., 1980=1989, p21）である。

　データ提示に入る前に，法の枠組みを説明する。

　少年院から出院する場合には，退院と仮退院がある。収容期間満了まで

少年院で過ごすのではなく、収容期間を残して出院する（少年院法第12条第2項）仮退院者が圧倒的に多い。仮退院は円滑な社会復帰を図ることを目的とした制度である。仮退院者は、保護観察を受けながら（犯罪者予防更正法第33条第1項第2号），日常生活を送ることになる。保護観察は、対象者が再犯・再非行に至らないように、「指導監督」（更生保護法第57条）を行うだけでなく、「補導援護」（同法第58条）と呼ばれる福祉的機能も担う。補導援護の具体的な中身について、適切な住居その他の宿泊場所を得ること及び当該宿泊場所に帰住することを助けること（同法第58条第1項第1号），医療及び療養を受けることを助けること（同法同条同項第2号），職業を補導し、及び就職を助けること（同法同条同項第3号）など、社会生活に適応するための支援が7項目にわたり列挙されている。更生が、本人の自覚を促す指導監督だけでは足らず、社会生活の安定、改善を基礎にした処遇であることがわかる。住居を得ることから始まって生活に必要な支援が盛り込まれている。社会的包摂に向けた支援である。

　少年院は20歳に達した少年は退院させなければならず、退院となると保護観察は実施されない。山地は、3年間の少年院での教育を受けており、3年が経過する1カ月前に20歳に達した。策が講じられなければ、少年院を出院した後の保護観察の指導は為されない。少年院法は、このような事態を避けるために、矯正教育が達成されないと判断された場合に備えて、収容継続申請の手続き（少年院法第11条第2項、第4項）を設けている。収容期間が延長されることにより、少年院での教育機関が延長されるだけでなく、少年院出院後の保護観察の期間を確保することができる。この制度を利用して山地の場合には、少年院での教育期間が2カ月延長され、保護観察の期間が5カ月確保されることとなった。

　仮退院後、引受け先がない場合には更生保護施設が受入れ先になる。更生保護施設とは、犯罪者・非行少年が、現に改善更生のための保護が必要と認められる場合に、その者を施設に収容して、宿泊場所を供与し、就労

援助,社会適応のために必要な生活指導を行うなど改善更生に必要な保護を行う施設を言う(更生保護事業法第2条第2項,同条第7項)。具体的には,刑務所や少年院を出てからの当面の生活の場のない人の更生を支援する施設である。

更生保護施設における処遇の目標は,施設における生活の安定にとどまらず,退所後に地域において犯罪を起こさず,自立できることにある。したがって,入所中に,少年にとって犯罪の背景や原因となっている問題点の解消を図ること,少年が自立生活できる能力を高めること,そして自立生活を継続するための条件を整えることに向けた働きかけが焦点となる。自立生活維持の条件としては,退所後において,退所先(住居),仕事,自立資金,相談等ができる環境条件を確保することが重要となる(松本,2009, p145)。

犯罪の背景や原因となっている,少年の抱える問題点の解消を図ることは,少年院における教育において中心に為される領域である。少年が自立生活できる能力を高めることは,少年院教育においても為されるが,主として社会において達成される領域である。また自立生活を継続するための条件を整えることは,少年院入所中だけでは達成されず,主に更生保護施設に入所してからの課題となる。

第1節　データ提示

――抜粋部分――
　山地悠紀夫は16歳の時に母親を金属バットで殴り殺していた。……山地は1983年8月,……山口市で生まれた。母の節子(仮名)は1950年1月生まれで,20歳で最初の夫と結婚して6年後に離

婚した。29歳の時，一つ下でパチンコ店勤務の洋介（仮名）と再婚した。生活は苦しく，節子もパートで働いた。……アパートでの親子3人の暮らしは楽ではなかった。洋介のパチンコ店勤めは長くは続かなかった。店のオーナーとトラブルを起こし，建築関係の仕事に移った。……洋介は……酒を飲んでは大暴れした。……山地は，小学生のころの日記に，父に足を持って引きずられたことや，父や祖母の酒を買いに行かされたことを書いていたという。……父が肝臓を壊して倒れると，困窮する一家の生活は，加速度をつけて追い込まれていった。……山地は小学校に入ったころから落ち着きのない子と見られていた。1年生では泣き出すことが多く，2年生になると，よく友達とけんかし，3年生でもすぐカッとなったと言う。自分では，2年生のころから勉強に集中できず，3年生になるとついていけなくなったと感じていた。成績はどんどん落ちた。……酒乱の末の闘病を経て，洋介は44歳の若さで亡くなった。……山地は次第に心を閉ざし……感情を抑え，涙も流さなくなった。……クラスで浮いた存在の山地は次第にいじめられるようになる。……孤立し，居場所は図書館になった。母に相談したが「あっそう」と言うだけで先生に話してくれなかった，と恨んだ。……この後，母子家庭は，山地が「まともに生活できず，地獄だった」というほど追いつめられていく。母は次第に食事を作らなくなり，時々，無断で外泊するようになった。……

　中学2年の2学期が始まって間もなくの朝。登校した山地が教室に入ろうとし，ドアを引いても動かなかった。何度やってもびくともしない。鍵がかかっていたが，中からは人の気配がした。「開けてよ」しばらくして鍵が開く音がし，やっと入れた。しかし，同級生は誰も口をきいてくれず，無視された。……翌朝も，その次の朝も，同じことが続いた。……山地は学校に行かないことに決めた。不登校の生活が始まった。……中卒で仕事を見つけるのは難しく，……進学も就職

もせず卒業を迎えた。……消費者金融やクレジット会社から電報やはがきが次々に舞い込む。……家賃も滞納が続き，大家が催促に来ても払えなかった。「何に使ってて，いくら借金があるの」いくら聞いても答えない母に，山地はますます不信を募らせた。……借金まみれの母との生活や，彼女との関係に悩んだ山地は，周囲の大人たちに相談を持ちかけていた。ただ，大人側はそのSOSの深刻さを十分に受けとめきれなかった。……事件の1か月ほど前の6月の夜，節子の兄，横田達也（仮名）が子ども相手に剣道を教えている剣道場に，山地が入っていった。……「……もっと親身になってやれば……」横田は，この時のことを今でも悩む。……

あこがれていた真希の部屋を初めて訪れたのは，その夜のことだった。……山地が真希の部屋にいた時，彼女の携帯に無言電話があった。……着信履歴には，山地の自宅の電話番号が残されていた。……「ワレ，名刺見て電話したろう」……「知らんわ」母は彼女との仲を壊そうとしている。……金属バットを握りしめると，山地は倒れた母の節子に力を込めて何度も振り下ろした。……

山地は少年院に送られることになった。……

診察の結果，太田は先天的に人に共感しづらいとされる広汎性発達障害の傾向があると考えた。……

少年院では……身元引受人が必要なため，外に出た後に監督する保護観察所や保護司と少年院が話し合い，親類をあたった。引き取ってくれそうなのは，母の兄で，事件前に山地が借金の相談をしていたおじの横田達也（仮名）ぐらいだった。横田は……妹を殺された被害者でもある。心境は複雑で……身元引受人になるかどうかは山地の反省が鍵だと考えていた。……横田には，山地が反省を示すかどうか見定めたい，との思いが常にあった。……ところが，山地は一向に変わらない。横田は次第に態度を硬化させた。……社会に出るまで残り4か

月。……横田は保護観察所に「預かれない」と伝えた。……微妙な関係の中でも横田を頼りにしていた山地は「どうやっても生きていける……」と強がる。その一方，「援助を受けたい。孤立は避けたい」と手紙を送ったが，横田の心が動くことはなかった。……

　社会復帰が決まると，精神科医の太田は医療機関あてに紹介状を書いた。……医師でなくても良かったが，誰かとつながってほしいという願いを形にする手段は紹介状ぐらいしかなかった。ただ，この紹介状にはあて名がなかった。……その後，山地が精神科にかかった形跡はない。……

　少年院を出た20歳の山地は山口県下関市の更生保護施設に入った。……住宅街のスーパーに隣接する二階建ての白い建物には，少年院や刑務所を出た十数人の若者が暮らしていた。3人の保護司が生活を観察し，就職の相談に乗りながら自立を促す。山地は施設で一日も早く仕事を見つけるよう求められた。毎朝，弁当を持ってきちんとハローワークに向かう。雑誌の求人情報も見て仕事を探し，夕方帰る日々を繰り返した。保護司は少年院から記録を引き継いだが，精神科医の診察を受けていたことは聞いていない。広汎性発達障害の傾向があるとみられていたことも知らなかった。……施設の関係者は「変わった様子はなかったから，特別に注意してみるということはなかった。障害があると知っていたらもっと目配りできたかもしれない」と残念がる。

　「元気にやってるのか？」突然，おじの横田が訪れてきた。山地の引き取りは拒んだが，施設を所轄する保護観察所に「山地の様子を見てやってほしい」と頼まれていた。……おじは近況を一通り聞くと，すぐに本題を切り出した。「お母さんのお墓に線香を上げに行ってくれるか」反省すれば支援を続けると横田は決めていた。判断を山地が墓参りに行くかどうかに懸けていた。……しかし，その後，故郷の山口市にある母親の墓を訪れた様子はない。

　デフレ不況で就職状況は厳しく，過去がある中卒の山地に，少年院

で取った資格を生かせる仕事はなかなか見つからなかった。そんな時，パチンコ店に勤めていたころの父の知人鈴木（仮名）と偶然，出会う。……「父さんと同じ仕事をしたい」と話す山地に，鈴木は近所で住み込みのパチンコ店を紹介した。……保護司は，パチンコ店への就職を快く思わなかった。だが，早く仕事を見つけて自立するのは大切だと考えて認めた。……パチンコ店では寮に入った。月に二度，施設に顔を出して近況を報告する約束をして，山地は勇んで施設を後にした。……働き始めたばかりの山地には，一日ごとに早番と遅番の繰り返しの不規則な勤務はつらかったが，寮に住み込みで手取り約20万円の給料をもらえる待遇に満足していた。……弁護士の内山には買ったばかりの携帯電話の番号を手紙で知らせ，「店長や同僚は気さくな人たちです」と人間関係がうまく行っていることを報告した。……

　少年院を出て5か月の保護観察期間が無事に過ぎようとしたころ，山地が友達二人と居酒屋で酒を飲もうとしていると，声を掛けられた。……少年院で一緒だった二人の仲間。母親を殺したことで言いがかりをつけ，……殴られ，けられた。……こうしたトラブルを山地はきちょうめんに保護司や保護観察官に報告している。保護観察官もパチンコ店を訪れて就労状況を確認していた。被害届を出したことを知った暴力団関係者が脅しに来たことも山地は伝え，近く店を替わりたいと話した。ほかの暴力団員と親しくしていることも話している。いかにも危なっかしい様子だった。しかし，「これからは犯罪をせずに堅実に暮らせ」と指導されただけで，ほぼ予定どおり保護観察を終えた。……山地は，母親を殺害した過去が知られるのを恐れ，……間もなく店を去った。居づらくなった理由は山地にもあった。人間関係の問題だった。施設で面倒を見ていた鈴木は，山地は人と話すとき興味のない話題に一切耳を傾けず，関心のある話題は「自分が一番」という調子で得意げに話すと感じていた。……次のパチンコ店は……店長が偶

然，同じ更生施設を出ていて，母の殺害を知られてしまった。3店目は店長や同僚と折り合いが良く，酒の誘いも断らずに8カ月間勤めた。しかし，店長が代わると，もめ事を起こすようになった。……少年院を出て1年3か月後，ついに次の仕事を見つけられず，鈴木のアパートに転がり込む。人間関係がうまく行かないことに嫌気がさしていた。……鈴木と山地の生活は長くは続かなかった。鈴木は，義理のある知人から「使い易い若い者が要る」と聞き，山地をゴト師のボスに紹介してしまう。……パチスロ機を不正操作して稼ぐ「ゴト師」……当たりを出すために使う小型の機械「体感機」を仲間が山地に差し出した。……体感機の修理や製造の手伝いを任され……自分の存在を認められたように感じ，この「居場所」に安心できたようだった。……うまく使われて乗せられている間はよかったが，稼ぎが悪くなってボスが冷たくなり，手のひらを返された途端に山地は駄目になった。……半ば強引にボスの黒田に，大阪に連れて行かれた山地。特に親しくしてくれた二人の仲間は福岡に残った。着いたのは，姉妹刺殺の事件現場になり，アジトがあったマンションだった。……店の締め付けが厳しくなり，収入が減った黒田は山地に「全然働かない」とつらく当たっていた……パチスロ店で焦りを募らせた山地は，部屋に戻ると黒田に「もうやめさせてください」と切り出した。「何のために福岡から大阪まで来た」怒鳴り散らされ，頭に血が上った。……「お前は腕がない。大阪に来てまでわしに迷惑かける気か」と。「お前なんか要らない」……「自分には守るものも失うものも，居場所もない……」「どうせ落ちてしまうのだから，やりたいことをやってしまえ」……「人を殺そう」ナイフやハンマーを買い，夜のマンションで人の動きを見て対象を探した。……「誰でもよかった」「買い物に行くように，ただふらっと人を殺しに行った」姉妹を刺殺した後，山地はそう振り返った。

第2節　内容分析

　内容分析の枠組みを提示する。目的は，少年院を出院した後，立ち直りを阻む要因にどのような課題があったのかを検討することにあるので，立ち直りに支障をきたしたと考えられる次の項目を分類枠組みとした。
　①引受け先
　　・家族・親族が引受ける
　　・住み込み就労
　　・更生保護施設
　②生活の本拠地
　　・定まった住まい
　　・人とのかかわりがある
　③定職に就くこと
　　・本人の意欲・勤務態度
　　・職業訓練
　　・仕事内容の過酷さ
　　・職場の人間関係
　④専門機関の支援・指導
　　・指導内容
　　・指導の連携
　⑤社会の目
　　・少年院出身者として不利な体験
　　・差別に対する不安
　⑥再犯の動機
　　・犯罪に向かわせた感情
　　・抑制する要因の欠如
　⑦本人の負因

・生得的な負因

表 1-1　少年院出院後立ち直りを阻む要因

分析枠	抽出したデータ
①引受け先	
家族・親族が引受ける	・横田（母の兄）は，妹を殺された被害者でもあり，山地の反省が鍵だと考えた。横田には，山地が反省を示すかどうか見定めたい，との思いが常にあった。……ところが山地は一向に変わらない。横田は保護観察所に「預かれない」と伝えた ・援助は受けたい，孤立は避けたい（山地）
住み込み就労	・パチンコ店では寮に入った。月に二度，施設に顔を出して近況を報告する約束をして，山地は勇んで施設を後にした
更生保護施設	・少年院を出た 20 歳の山地は山口県下関市の更生保護施設に入った
②生活の本拠地	
定まった住まい	・パチンコ店では寮に入った ・少年院を出て 1 年 3 カ月後，ついに次の仕事を見つけられず，鈴木のアパートに転がり込んだ ・（鈴木は）山地をゴト師のボスに紹介する
人とかかわりがある	・パチンコ店に勤めていた頃の父の知人の鈴木（仮名）と偶然，出会う ・「父さんと同じ仕事がしたい」と話す山地に，鈴木は近所で住み込みのパチンコ店を紹介した ・「お母さんのお墓に線香を上げに行ってくれるか」反省すれば支援を続けると横田は決めていた ・ゴト師で親しくしていた仲間と別れる
③定職に就くこと	
本人の意欲，勤務態度	・毎朝，弁当を持ってきちんとハローワークに向かう。雑誌の求人報告も見て仕事を探し，夕方帰る日々を繰り返した
職業訓練	・デフレ不況で就職状況は厳しく，過去がある中卒の山地に，少年院で取った資格を生かせる仕事はなかなか見つからなかった
仕事内容の過酷さ	・一日ごとに早番と遅番の繰り返しの不規則な勤務はつらかった
職場の人間関係	・（最初のパチンコ店で）「店長や同僚は気さくな人たちです」と人間関係がうまく行っていることを（内山弁護士に）報告 ・居づらくなった理由は山地にもあった。人間関係の問題だった ・店長が代わるともめ事を起こすようになった ・稼ぎが悪くなってボスが冷たくなり，手のひらを返された途端に山地は駄目になった

④専門機関の支援・指導	
指導内容	・（更生保護施設では）3人の保護司が生活を観察し，就職の相談に乗りながら自立を促す ・保護司は，パチンコ店への就職を快く思わなかった。だが，早く仕事を見つけて自立するのは大切だと考えて認めた ・トラブルを山地は几帳面に保護司や保護観察官に報告している。保護観察官もパチンコ店を訪れて就労状況を確認していた。 ・「これからは犯罪をせずに堅実に暮らせ」と指導されただけで，ほぼ予定どおり保護観察を終えた
指導の連携	・精神科医の太田は医療機関あてに紹介状を書いた。医師でなくても良かったが，誰かとつながってほしいという願いを形にする手段は紹介状ぐらいしかなかった。ただ，この紹介状にはあて名がなかった。 ・保護司は少年院から記録を引き継いだが，精神科医の診察を受けたことは聞いていない。広汎性発達障害の傾向があるとみられていたことも知らなかった。 ・障害があると知っていたらもっと目配りできたかもしれない（施設の関係者）
⑤社会の目	
少年院出身者として不利な体験	（記載なし）
差別に対する不安	・少年院で一緒だった仲間だった。母親を殺したことで言いがかりをつけてきた ・店長が偶然，同じ更生施設を出ていて，母の殺害を知られてしまった
⑥再犯の動機	
犯罪に向かわせた感情	・「お前は腕がない。大阪に来てまでわしに迷惑かける気か，と。お前なんか要らない」と言われた
抑制する要因の欠如	・誰でもよかった ・買い物に行くように，ただふらっと人を殺しに行った ・自分には守るものも，失うものも，居場所もない ・どうせ落ちてしまったのだから，やりたいことをやってしまえ
⑦本人の負因	
生得的な負因	・（少年院で面接した医師は）先天的に人に共感できにくいとされる広汎性発達障害のアスペルガー症候群の傾向があると考えた

1. 生活の場が定まらないまま，衰退する過程

　少年院を出るときの引受け先について，唯一引受けを申し出たおじは，反省の態度を少年が見せないとの理由で，引受け拒否であった。少年が「援助は受けたい，孤立は避けたい」との気持ちを伝えるが返事はなかった。引受け先のない場合には，更生保護施設に入所する。更生保護施設は，保護観察が終了すれば出て行かなければならない。山地は，パチンコ店に住み込み就職を決め，更生保護施設を出る。住み込み就職は職を失うと出なければならない。職を転々とし，最終的に職を失ったときに，知人宅に居候する。しかし，知人はゴト師に少年を紹介する。ゴト師とはパチンコを不正使用する違法集団である。

　少年院を出た時に，引受け手がないと，一時的には更生保護施設に入所できるが，そこから先は住み込み就職でつないでいくことになる。住み込みのパチンコ店を転々とし，知人宅に居候し，そこから違法集団に身を寄せる経過を見ると，どんどん住まいが不安定になり，安心して身を置く場所がなくなる経過がみえる。

　住まいが生活の本拠地になるには，人とのつながりが欠かせない。山地の場合には，母の兄，父の知り合い，ゴト師仲間というように，少年に手を差し伸べてくれる人と出会いながら，別れる体験が繰り返される。別れるたびに，生活の本拠地は衰退し，不安定になる。

2. 定職に就くこと

　「毎朝，弁当を持ってきちんとハローワークに向かう。雑誌の求人報告も見て仕事を探し」たという。新たな生活を始めるのに，当初は意欲を持っていた。少年院では，資格を取得したが，不況で，すぐに雇い入れてくれるところは限られている。少年が職を得たのは，就労時間が不規則なパチンコ店であった。少年は，最初は人間関係がうまくいくと感じていたが，相手によってはもめ事が多く，人間関係でつまずくことがあった。また少

年院や更生保護施設で一緒であった人との出会いから，事件が明るみに出ることを恐れ，職を辞めることを繰り返した。人間関係でつまずいて最後のパチンコ店を辞めた後は，定職に就くことなく，父の知人の許で居候生活になる。

3. 専門機関の支援

保護司は，職を見つけて自立できるようになることを促す。「保護司は，パチンコ店への就職を快く思わなかった。だが，早く仕事を見つけて自立するのは大切だと考えて認めた」とあり，更生保護施設から出て，自活することの大切さが重要とされる。

少年院で知り合った者に脅されることがあり，保護観察官に報告するが，保護観察官は就労状況を確認し，訓戒指導することで終わっている。「ほぼ予定どおり保護観察を終えた」。仕事が続き，再犯のないことで，不安定な要素があっても，保護観察を延長する要因として取り上げられず，予定どおり保護観察を終えている。就労を重視した指導である。

4. 専門機関の連携

少年院で面接した医師は，アスペルガー症候群の傾向があると考えたが，その情報は保護司にまで伝わっていない。少年院の医師が作成した宛名のない紹介状は，少年院と保護観察の連携がうまくいっていないことの象徴である。情報に欠ける点は，保護観察の指導に影響を与える。情報があれば為されていたであろう指導上の配慮ができなくなる。

5. 社会の目

少年院出身者として不利な体験をしたことは，直接データからは出てこなかった。実際に差別があったというより，不安が先立ち，辞めている。しかし，その不安はかなり現実的なものである。たとえば，店長が，更生

保護施設で一緒に過ごした人であったり，少年院での仲間が押しかけてきて脅されたりなど。もし自分の犯した事件がばれたらどうしようと不安になり，それが原因で職を転々としている。

6. 再犯の動機

「お前なんか要らない」と言われたことが，犯行に駆り立てている。怒りの対象は，「誰でもよかった」，「自分には守るものも，失う者も，居場所もない」，「どうせ落ちてしまったのだから，やりたいことをやってしまえ」と自棄的になり，犯行に至る。人から「要らない」と存在を否定されたことや，社会とのつながりがないことを突き付けられたことが，犯罪へと後押しをしている。

7. 本人の負因

少年院の医師は，山地に広汎性発達障害の傾向があると考えていたが，この傾向により，職場での対人関係が一層困難になった可能性がある。

以上の結果をもとに，少年の側から見た現在の司法・矯正システムの課題を考える。

第3節 考　察

1. 出院後の生活の場の衰退

「社会復帰とは，犯罪にかかわった人が刑事施設の中で職業訓練，教科指導，治療的処遇など，さまざまな処遇を受けることによって社会に適応する力を強め，回復するとともに，社会の側がその人の『居場所』を用意し，その人を社会の一員として迎え，受け入れる，この意味における社会

的受容を不可欠のものとして要求する」と葛野（2009, p14）は述べる。次に山地が社会における『居場所』を得ることができなかった背景を述べる。

　山地は母親を殺害したことにより，家族を失った。受け入れ先の見通しが難しい場合には，少年が少年院在院中に，保護観察所の長は帰住予定地の調整を行う（更生保護法第82条）。少年が社会に再統合されるために，少年院を出院した後に帰る先の環境は重要である（松本，2009, p52）。山地の場合には，母の兄が候補として挙がった。横田（母の兄）は，妹を殺された被害者でもあり，山地の反省が鍵だと考えた。「横田には，山地が反省を示すかどうか見定めたい，との思いが常にあった。……ところが山地は一向に変わらない。……横田は保護観察所に『預かれない』と伝えた」。母の兄は，自分の身内を殺害した山地に対して，許せない気持ちと身内として何とかしてやりたい気持ちの間を揺れ動いていたに違いない。

　少年院を出院した山地は，引受け手がないため更生保護施設に入所した。更生保護施設は，保護観察の期間が終了すれば，退所しなければならない。山地は，保護観察終了に向けて，更生保護施設を出て，パチンコ店に住み込み就労する。しかし，人間関係の問題で職場に居づらくなったり，母殺害を知られるのを恐れて，店を辞めている。

　人間関係のつまずきと，前歴が明るみに出るのではないかとの怖れから，職が安定しない。知人宅への居候から違法集団へと転落の一途をたどる。転落に歯止めをかけることができなかったのが，人間関係の希薄さ・社会との接点のなさである。更生保護施設を出てから接触があったのは，父の知り合い，ゴト師仲間であった。しかし，不安定で一時的なかかわりに終わっている。

　事件が重大である場合には，個人が持つ負因に加えて，受け入れる環境の脆弱さが往々にしてある。そもそも少年の家庭が社会とのかかわりの少ない家庭であったことも影響している。岩田（2008, pp76-77）が述べる「中途半端な」社会との接合の典型例である。岩田（2008, p99）は，ネットカ

フェ・ホームレスの分析から,社会における定点を失う者は,もともと社会との接続が中途半端であったと述べる。社会との接続を,過去の人的資本(遺伝的なもの,子ども時代の環境,教育),物的資本(土地住宅など),金融資本(資産と負債)に分類すると,若年者の定点の喪失にもっとも影響を及ぼすのは,人的資本であると述べる。若年でホームレスになった若者には,とくに家族の問題が重くのしかかっていると分析する。家族関係の不安定さやDVなど,保護されない家庭環境にある事例が少なくなかったという。非行とホームレスでは問題となって現れている現象は異なるが,保護されない家庭状況で生育してきた点で,酷似している。

わが国の矯正・保護制度は,施設教育が中心であると言われているが,帰るべき家を持たない少年には,出院後の長期的な生活の場が確保されていない。

2. 専門機関での支援

まず期間の制約について触れる。山地には3年間の少年院教育が実施されたが,更生保護施設に入所して保護観察の指導を受けた期間は5カ月であった。この短い期間で,少年が自立生活できる能力を高めて,自立生活を継続するための条件を整えることは,非常に困難である。

次に,就労中心の指導について述べる。更生保護施設での指導では,自活できることに重点を置いた指導が行われる。更生保護施設に入所できる期間は,処遇を受けている期間に限られ,平均すると60日から120日の間での運用であり,稼働能力の高い若年層は,職場から宿舎をあてがわれて短期で退所する場合が多い(小長井,2009, p108)。更生保護施設では,自活できるようになれば退所するのが基本原則になる。

しかし,就労させることは,必ずしも社会的包括につながらず,立ち直りの足掛かりとならないことがある。それは次のような事情による。第一点目として,雇用形態の変化がある。小長井(2009, p107)によると,就労

先は，ハローワークによる就労支援，更生保護施設が提携している協力雇用主，人材派遣業者のあっせんの3種類のルートがある。現在では，人材派遣業者のあっせんが増加し，協力雇用主による雇い入れは減少している。協力雇用主は「親方−徒弟」的な人間関係を基礎に，長期的で柔軟な雇用をするのに対し，人材派遣業者は切り売りされた労働力を短期的に低賃金で雇い入れる傾向があるという。少年の場合には，発達の途上にあり，職業生活を通してアイデンティティを形成することにもなる。また家庭のない少年の場合には，親方が保護者代わりになることが以前にはあった。小長井（2009, p107）の指摘するように，労働環境が全人的なつながりに裏打ちされているのではなく，労働力の切り売りであるとするならば，少年の立ち直りは困難である。

　第二点目として，「労働参加が何よりも強調されると，その労働が不安定であることは後回しにされ，ともかく働いていればよいとされ」る（岩田，2008, p173）点である。山地のように，家庭との関係を失った少年は，就労先が用意した宿舎に入ることで更生保護施設を退所する。すなわち，就労を介した，部分的な社会との接合であり，それは今まで少年たちが体験してきた「中途半端な接合」を再生産するしかない（岩田，2008, pp173-174）。社会的包摂の基礎におかれるべきものは労働であるよりも，住居・住所の保障と市民としての権利義務の回復にあると岩田（2008, p175）は述べる。

　第三点目として筆者は，とりあえずの生活の糧を得ることができることと，人と人とのかかわり合いがあるコミュニティの中で生きていくこととは，適応の次元が異なるのではないかと考える。矯正施設で教育を受け，さらに引受け人の居ない状況を体験した少年たちは，「社会に適応し生活して行けるかどうかという本人の根深い不安や怖れ」（田中，1993）を抱いていることが想定される。その障害を越えての立ち直りが実現できるかどうかが問われる。単に，目先の生活の糧を得ることができたとしても，社会の中での生活の安定は難しいのではないか。就労したことにより支援の

手を放すことは，少年のその後の人生を見放すことになるのではないかと考える。したがって少年の立ち直りの観点からするならば，更生保護会から地域コミュニティへの移行においても，再び，誰が引受けてくれるのか，どこが生活の拠点になるのかが課題とされなければならない。

3. 専門機関の連携

　少年院で面接した医師は，「医療機関あてに紹介状を書いた。……医師でなくても良かったが，誰かとつながってほしいという願いを形にする手段は紹介状ぐらいしかなかった。ただ，この紹介状にはあて名がなかった」。医師は，出院後の山地には，手厚い支援が必要であることを予想していたのであろう。しかし，医師一人の力の限界であった。正木（2009, p82）は，関係機関が連携することにより，出院後の生活を支えることの重要性を解く。連携可能な関係機関を的確に把握するため，福祉に詳しい職員を中心として，情報を収集し，職場全体の共有化を図る。関係機関との連携に関しては，単なるインフォメーションではなく，確実なリンケージ（連結）を目指すことが重要であると述べる。

4. 社会の目

　山地は，やっと父の知り合いを頼って就職したものの，かつての少年院で一緒だった仲間と出会い，母親を殺したことで言いがかりをつけられる。山地は，母親を殺害したことを知られるのを恐れて，自分から仕事を辞めている。しかし次のパチンコ店では，店長が同じ更生施設を出ていて，ここも辞めている。いまだ，少年院出身者であるということで差別を受けたわけではないが，少年院出身者であることがばれることを常に恐れる気持ちから，定職に就くことが困難となっている。

　山地は少年院出院後，地元を避けた地で，更生保護施設に入所した。山地があえて地元を避けたように，犯罪者・非行少年の中には，事件が近隣

に知れ渡っていることから，もとの生活の場に戻れない者が多い。社会的ネットワークを自ら断たざるを得ない。

言うなれば，地域，親族，交友関係，就労先など，立ち直りのための社会資源との関係性が切断された状況で，少年院出院後の生活が始まることになる。

5. 社会的排除の進行から自己存在の否定，再非行へ

山地は，少年院出身者という過去に怯えながら，パチンコ店を転々とし，最終的には失職する。父親とつながっていた鈴木のもとに転がり込むが，鈴木は山地をゴト師に紹介する。当座，山地は，機械に強い点を買われてかわいがられるが，稼ぎが悪くなると冷遇されるようになる。「お前は腕がない。大阪に来てまでわしに迷惑かける気か」，「お前なんか要らない」と言われたことが引き金になる。「自分には守るものも失うものも，居場所もない」，「どうせ落ちてしまうのだから」と，短絡的に殺人に及んでいる。社会から排除されていく過程は，自己の存在を否定される過程でもあった。死刑を前にした山地は，内山弁護士に宛てた手紙に，「私は生まれてくるべきではなかった」と書きつづっている（池谷，2009, p226）。もし山地をバックアップする安定した環境があれば，障害があったり，偏ったパーソナリティがあったりしたとしても，殺人に至る，最後のたががはずれることはなかったかもしれない。社会の中で生きる場を失ったことが，少年の持つ負因を浮かび上がらせ，殺人へと追いやったのではないか。その過程に注目する必要があると考える。

引用文献

池谷孝司（2009）死刑でいいです．共同通信社．
岩田正美（2008）社会的排除―参加の欠如・不確かな帰属．有斐閣．
小長井賀與（2009）更生保護と元犯罪者の社会への再統合．日本犯罪社会学会編：犯

罪からの社会復帰とソーシャル−インクルージョン．大学図書．
Krippendorff, K.（1980）Content Analysis. An Introduction to Its Methodology. Sage Publication, Inc.（三上俊治・椎野信雄・橋元良明訳（1989）メッセージ分析の方法―「内容分析」への招待．勁草書房）
葛野尋之（2009）社会復帰とソーシャル・インクルージョン．日本犯罪社会学会編：犯罪からの社会復帰とソーシャル・インクルージョン．大学図書．田中武夫（1993）保護観察所が行う環境調整に関する序説．犯罪と非行，96，165-179．
正木恵子（2009）更生保護と社会復帰．保護観罪社会学会：犯罪からの社会復帰とソーシャル・インクルージョン．現代人文社．
松本勝（2009）更生保護入門．成文堂．
田中武夫（1993）保護観察所が行う環境調整に関する序説．犯罪と非行，96，165-179．

第2章

社会の側から見た現状の
司法・矯正システムの課題

　少年の立ち直りは，本人の更生だけでなく，それを引受ける社会があって達成される。本章では，少年を受け入れる社会の側が抱える課題について検討する。犯罪者や非行少年を受け入れるべしとするキャンペーンが張られる一方で，社会が抱える，非行・非行少年に対する排除感情については検討がなされないままである。このギャップは，現実に地域コミュニティが非行少年を受け入れる状況に立ち至ったときに，障害となる。そこで本章では，社会の役割として想定される，表向きの受け入れ態勢ではなく，人々の潜在意識のなかにある非行・非行少年に対する意識をも取り上げて，課題を検討する。

第1節　公的なデータに見られる人々の非行観

　法が神聖視されていた奴隷制・封建制の時代には，法を犯すものは神に背くものとみなされ，悪魔に魅入られた危険な存在として，排除される運命にあった (高原, 2011)。そもそも人々の中に，時代を超え，文化を超えて，犯罪を排除しようとする傾向が認められるのかもしれない。潜在意識にあ

る非行観を捉えるなら，歴史的にさかのぼって非行観を捉えることは意義がある。しかしながら，現実に地域コミュニティがどのように非行少年を受け入れているのかを考えるには，歴史的に捉えた非行観のほか，われわれが生きる現代において，社会が非行をどのように意識しているのかを探る必要がある。

最初に，社会が非行を捉える場合に，そのすそ野は広く，漠としている点があることを指摘しておきたい。行政官庁では，非行についての明確な定義は行っていない。たとえば，非行予防対策を講じている文部科学省によると，非行防止への取り組みは紹介されているが，非行についての定義は為されていない。非行概況の説明は「刑法犯少年」の数が示されているが，非行予防の施策，たとえば非行防止教室では，司法機関では扱われない喫煙，飲酒などの問題行動も含まれて記述されており，対象のすそ野が広いことがわかる。内閣府の行った「少年非行に関する世論調査」において，「『少年非行』とは，少年が行った犯罪と，喫煙や飲酒，深夜徘徊などの不良行為を含めたもの」と示したうえでアンケート調査を行っている。アンケート実施上ではあるが，非行についての暫定的な定義づけが行われている。この定め方は，司法機関で扱う非行を越える捉え方となっている。

学校教育の場では，未成年者の喫煙や飲酒，さらに家出行為などは，一般的に「非行」とみなされ，多くの場合，指導や処分の対象となる。飲酒や喫煙は，成人であれば問題にはならないが，未成年者が行うと，処罰の対象となる，ステイタス・オフェンスの範疇に入る。社会一般で捉えられる非行も，教育現場で捉えられる非行に近く，司法・矯正機関が扱う非行を超えて，すそ野の広い捉え方になっている。非行が漠とした捉え方をされている実態は，人々の抱えている不安が投影される土壌となっていると考える。

次に，非行が社会でどのように捉えられているのか，人々の抱く非行観と実体の乖離について示したうえで，その背景にある人々の不安感につい

て述べる。重大事件が起きるたびに喧伝されるのが「非行の凶悪化」である。大村（1981）は，非行統計に現れた結果に，社会が非行をどのように意識しているのかが反映されているとして，検討を加えている。大村（1981）は，強盗，強姦，傷害・暴行などの凶悪・粗暴犯罪が減少しているのに，非行少年の全体の検挙者数が増加している現象を取り上げ，その原因はあそび型と総称される万引き，自転車泥棒などによって，検挙・補導されるものが大幅に増加してきた事実を挙げる。大村（1981）によれば，もっとも非行の実態を表しているのは，意図的な操作が働きにくい凶悪犯罪である。したがって，それに反する動きを示している軽微な非行の増減は，非行の実態を現しているというのではなく，捜査側の態勢であると言う。捜査人員を増やすなどして力を入れれば入れるほど，事件数は増える。重大な事件は，捜査側の要因に左右されにくいが，軽微な事件は，捜査側の態勢に影響を受け易い。重大事件が減少している実態と事件数が増加している数値とのかい離が大きければ大きいほど，デュルケム（Durkheim）の指摘を想起すべきであると，大村（1981）は述べる。すなわち「それらに犯罪としての特徴を付与するものは，それらに内在する重大性ではなく，共同意識（世論）がそれらに認めるところの重大性である」と，デュルケム（Durkheim）の言葉を引用して，社会の側の共同意識の影響を捜査態勢が受けて，数値の増加につながっていることを指摘する。

菊地（1981）は，統計を利用した情報操作に，人々の非行・非行少年に対する情緒的な反応が反映されていることを示している。人々の情緒的な反応を反映した情報操作とは，次のような統計の解釈に現れている。凶悪犯・粗暴犯の増加と発表した昭和56年版警察白書，それをもとに少年非行の悪化を報じたマスコミ報道を取り上げ，「前年比」という短期間の比較をあえて取り上げることで，大きな流れでは減少しているにもかかわらず，凶悪犯・粗暴犯が増加したかのような印象を形成しようとする姿勢を読み取る。このような事実と異なる印象形成をさせているのは，人々が抱

く危機感というきわめて情緒的な反応によるという。

　このような少年非行の凶悪化という受けとめ方の背景にある，人々の抱く危機感とはどのようなものであろうか。「少年非行の凶悪化」という受け取り方に影響を与えている危機感とは，「少年による暴力非行の完全な様変わりと，新しい事態に対応するための対策の遅れもしくは無防備状態に対するわれわれの危機感というきわめて情緒的反応」であると，長年非行少年の実務に携わってきた菊地 (1981) は述べる。市民が非行少年に不安を抱くようになった背景には，次のような理由が考えられると菊地 (1981) は述べる。すなわち，現代非行が伝統的な反社会集団による暴力非行から，次の点で様変わりしたことにより，対策が追い付かず，無防備状態にさせられていることから危機感を抱くようになった。現代非行の様変わりとは，次の点である。①社会秩序に対する公然たる挑戦，②親や教師が被害者となる意外性からくる緊張感，③集団力動による行動の予測不可能性，④従来は考えられなかった女子少年の暴力非行への進出，⑤親密な関係性である家庭内での暴力非行の顕在化である。これらの特性を持つ現代非行に対し，対策が遅れていることに対する不安感が，暴力非行の強調となって世論を動かしていると，菊地 (1981) は述べる。

第 2 節　非行少年に対する類型的捉え方と排除感情

　大村 (1981) や菊地 (1981) に見られる世論を動かしている，情緒を基盤とした非行の捉え方に焦点を当てるのが，林 (1982) の論考である。林 (1982) は，「非行とは何か」との問いに対し，社会の反応に着目することにより，分析を試みる。その際，個々の非行行為ではなく，つまるところ逸脱行為に対する反応であると読み替えることで，社会学における分析へと転換することに成功している。逸脱に対して人々が抱く意味内容とはどのような

ものであるのか，その基底的意味について，現象学的社会学の逸脱研究に解を求める。人々が非行に対して抱く意味内容の基底部にあるのは，非難感情・不安感情・排除感情であり，それらが喚起されるのは類型的な「非行」なり「非行少年」に対してである。それは常に意識された感情というより潜在的な感情であり，深層領域にあるだけに，非日常的な出来事が発生すると，ふだんは意識されていなかった排除感情があらわになる。そしてこのような意識は，特定の少年が非行少年として意味付与される場合の基底的な根拠を提供すると述べる。すなわち特定の非行少年は，彼が持つ特性で判断される前に，類型化された捉え方により，非難感情・不安感情・排除感情が，まず付与される。非行は，社会一般の人々にとっては，個々の人物判断が為される前に，匿名性を帯びた抽象的な捉え方をされ，それゆえ潜在意識領域において，報復的・社会的非難感情が掻き立てられる現象といえる。

　潜在意識における非行の捉え方をインフォーマルと捉え，フォーマルな捉え方とのねじれに注目するのが，守山（1983）である。非行に対する反応を，フォーマルな捉え方とインフォーマルな捉え方に分けて，両者のねじれについて検討することは，社会に期待される表向きの役割と実際に地域コミュニティが少年を抱えようとするときに生じる排除感情とのギャップについて示唆するところがある。

　社会の非行に対する過剰な反応について守山（1983）は，犯罪者に対する姿勢が，フォーマルとインフォーマルでねじれていることを挙げる。犯罪統制は，フォーマルな統制とインフォーマルな統制の二つに大別することができる（広瀬，1977）。前者は，犯罪統制を本来的な目的とする法執行機関（警察，検察，裁判，矯正，保護など）によって公的（official）に行われる統制を指し，後者は，家庭や地域社会による統制である。一般的に言えば，フォーマルな統制が，物理的制裁を与えるのに対して，インフォーマルな統制は，情緒的，心理的制裁，時には排斥や追放といった行動次元

の制裁を行う。

　守山（1983）はフォーマルとインフォーマルのねじれについて次のように述べる。フォーマルには，犯罪者の社会内処遇の理念が認められている。その正しさに異論を唱える者はいない。しかし社会内処遇とは，空間としての「社会」をさすだけでなく，人々とのかかわりが想定される社会の中での処遇が想定されることを見落としてはならない。社会内処遇とは，われわれがかかわることが想定される処遇なのである。しかし自分たちがかかわることについて，人々は想定していない。たとえば，施設処遇の代替物としてのハーフ・ウェイ・ハウスの意義は理念的には認められるが，現実に施設の設置が予定されると反対運動が起きる。すなわちフォーマルには社会内処遇の意義が唱えられたとしても，インフォーマルには社会内処遇の受け皿はない。このねじれに加えて，今日の匿名性社会がもたらす無防備さが加わると，人々は姿の見えぬ敵と戦うことになる。匿名性社会であることにより，犯罪前歴者は前歴を容易に隠すことができ，更生保護施設はその名称を「○○ハウス」と中和化することにより，社会から非行少年・犯罪者の受け入れ施設であることを秘匿することができる。その結果，匿名性社会では，人々のあずかり知らないところで犯罪者・非行少年を受け入れさせられていることになる。

　フォーマルとインフォーマルのねじれが解消されないまま，結果として犯罪者・非行少年を隣人として受け入れさせられている現実に，人々は常に警戒心を駆り立てられ，「見えぬ敵」に対する恐怖やおびえを感じさせられることになる。このような，知らず知らずのうちに人々が置かれている無防備さにより，犯罪者は鬼退治の「鬼」として，憎悪される。理由や背景は一切問われず，「鬼」ゆえに憎悪されると言う。守山（1983）は犯罪者について論じたが，非行少年にもあてはまる。元非行少年は社会で抱えて行くべしとのフォーマルな理念が先行し，しかし非行少年とかかわる心の準備が為されているわけではない現状では，人々の犯罪不安は否が応で

も高められる。人々の不安が投影された形が「鬼」としての犯罪者・非行少年であろう。不安が投影された非行少年像は、イメージとしての「非行少年」であり、具体的な人格と表情を持ち、自分たちと同じように社会生活を送っている者という見方は為されない。唯一「犯罪を行い、行うおそれ」で彩られた人物としてみなされる（守山，1983）。これは奇しくも、歴史的な犯罪者観と軌を一にする。

第3節　都市化社会と非行少年に対する深層部分での排除意識

　前節までで、非行少年に対する社会の捉え方が類型的であり、類型的に捉えられるがゆえに、「非行少年」は排斥されたり、拒否されることを示した。また非行少年に対する捉え方が類型的であればあるほど、インフォーマルな統制は強力に働く。次に排斥や追放に向かった例を示す。
　川崎（1978）は、いったん休止していた更生保護施設の再開を巡って、地域住民の反対を受け、交渉が難航する事例を示し、地域社会において更生保護施設が受け入れられるための方策について論じている。ここではとくに、更生保護施設が地域住民にとって、どのように受け取られているのかについて、川崎（1978）の「更生保護と地域社会」を素材として検討する。議論の対象になっているA更生保護会は、事業再開を巡り、地域住民の反対に遭い、更生保護会や保護観察所が説明会を重ね、施設側が地域住民との連携を提案しようとするが、住民側は拒絶反応を起こし、応じようとしない。犯罪者・非行少年に対する排除意識がきわめて強かったと言う。排除意識は次のような発言に現れていた。「収容者による風呂の覗き見、洗濯物・自転車等の盗難……」が過去にあったと言い、生活の安全感が侵害される被害感情が述べられた。建て替えや移築を巡る地域とのトラブル

は，全国各地で起きている。その際，反対を唱える地域住民が一致して述べているのが，地域住民の安全と平和をおびやかすかもしれない不安感情である (川崎，1978)。堤 (2001, p10) は，野宿者を巡るうわさについて，真偽が問題ではないこと，そうではなく野宿者に好意を寄せていないイメージの結果がうわさとして広まったと述べる。更生保護施設の場合も同様で，犯罪者・非行少年に向けられた，何らかの凶暴性を持ったイメージの結果が，施設の建築・改築の反対運動として表明されている。

　川崎 (1978) の述べる事例では，A 更正保護施設が建設された当時は，周囲は農地や緑地が多く，近隣に住宅はなかったが，施設休止期間の間に宅地化が進み，再開を予定していた時点では A 更生保護施設の周囲は新興住宅地となっており，新住民は A 更正保護施設の存在を知らなかったと言う。A 更正保護施設ともっとも対立したのが，新興住宅地に住む教職員や会社員を中心とした 30~40 歳代のホワイトカラーを中心とする新住民であった。新住民は，外に働きに出ており，土地との結びつきの希薄な住民であった。新住民は，経済的・知的レベルで一定以上であり，「人間の平等感をタテマエとして十分有しているが，……自分たちの子どもは決して劣悪者である犯罪・非行者には絶対にならないという確信に近い感情を持って」いた。「刑務所や少年院に一度入ったものは必ず再犯する」とも述べており，「理屈では，教育や更生ということは理解できても，心情的には犯罪者を受け入れようとしない」態度の強いことを，川崎 (1978) は述べる。理念的には犯罪者の更生に賛成であるが，インフォーマルには拒絶的な態度がきわめて強い。

　A 更正保護施設の反対運動では，旧住民である町内会と新住民である反対派が分裂したとの記述が見られる。もともと A 更正保護施設は農村地帯に建設された。再開を予定した時点では宅地化が進み，地域住民の層が変化していたことが，再開を困難にした一つとされる。広瀬 (1977) によると，都市化地域と前都市化地域とでは，犯罪者への統制の在り方が異な

ると言う。前都市化地域では，伝統的な慣習や道徳意識によって，地域が統制されるので，些細な対立や逸脱は，地域の持つ統制機能により解決される。それに対し，都市化地域では，多様な価値観を持つ住民が流入しており，異質性が高く，地域社会の情緒的絆は低い。たがいにかかわりのない間は相互に干渉することはないが，ひとたび利害関係を持ち，対立・緊張関係を生じると，許容限度が極端に縮小され，利害対立の先鋭化と顕在化を招く。つまり都市化地域で見られる，相互に干渉することがない現象は，一見多様な価値観を受け入れているかに見えるが，実際には互いの関心の希薄化を意味しているのであって，真の意味で多様化を受け入れているわけではない。したがって，自己の利害損失に対する態度においては，決して寛容的ではないと言う。

　人間の平等感をタテマエとして十分有している新住民層による，施設再開に対する強固な反対姿勢について林（1982）は，ホンネ／タテマエの次元で理解すべきではなく，より正確には深層／表層の次元に属するものとして理解するべきであると主張する。なぜなら施設再開に見られる反対意識は，日常的に明確に意識されているものというよりは，非日常的出来事によって顕在化する，ふだんは潜在的なものと位置づけることができるからである。そして「この意識が新中間層に見られるという事実は，啓蒙活動では動かしがたい深層での意識の問題であることを示している」（林, 1982）と言う。

　本節では，都市化された社会においては，犯罪者や非行少年が，その具体像で捉えられると言うよりは，イメージ化され，不安を投影された表象として捉えられ，人々にとって「鬼」，あるいは「見えぬ敵」と映り，徹底的に排除される傾向の強いこと，それは人々の深層部分で生じており啓蒙活動で修正できるようなレベルではないことが明らかになった。それに対して前都市化された社会では，インフォーマルな統制が生きており，個々の犯罪者や非行少年に対して，直接住民の情緒的反応が向けられ，更生が

迫られ,あるいは排斥されてきた。都市部におけるような,イメージとして犯罪者や非行少年をみるのではなく,個々の犯罪者や非行少年との関係性が見られた上での反応である。

第4節 排除型社会における非行少年の捉え方

　Young（1999=2007, pp30-31）は,排除型社会における〈逸脱する他者〉と包摂型社会における〈逸脱する他者〉を比較することにより,現代において〈逸脱する他者〉がどのように排除されるのかを明らかにしようとする。包摂型社会とは,同化や取り込みを中心とする世界であり,排除型社会とは分断や排除を特徴とする世界である。

　包摂型社会において〈逸脱する他者〉とは次のような人々を指す。マイノリティの人々,異質で,しかも異質さが見た目にはっきりわかるような人々,「われわれ」に脅威を与えるというよりも,「われわれ」の存在を支える役割を果たす人,同化や包摂の処置を必要とする人々であり,ここに犯罪者,麻薬常習者,道を踏み外した10代の若者が含まれる。包摂型社会の〈逸脱する他者〉は外部の敵として忌み嫌われるのではなく,社会化され,更生させられ,治療されて,「われわれの社会の一員」として歓迎される。では「排除型社会」において,〈逸脱する他者〉はどのように見られるのであろうか。

　価値観の多様化や社会や文化の多元化により,現代では,逸脱者の異質性がはっきり見えなくなり,誰もが潜在的な逸脱者となった。多元主義的な社会は,正常と逸脱の線引きをあいまいにし,人々の存在感を不安定なものとする。人々は自分たちが正常であることを確認するために,正常と異常の境界線をはっきりと区別できるように引き直す。すなわち犯罪者や非行少年は,「われわれ」とは本質的に異なる生き物とみなされる。かれ

らは償いという行為とは無縁なものであり,本質から怪物であるのだから,永遠に施設に閉じ込めておくしかないとみなされる（Young, J., 1999=2007, p296）。

　Young（1999=2007, p299）は，多元化社会がもたらすわれわれの存在感，アイデンティティの不確実さから引き起こされる不安感を，犯罪者や非行少年ら逸脱者に投影し，彼らを社会から排除することにより，心の安定を保とうとしていると，排除型社会を深層心理学的に読み取った。罪を犯した者はもともと犯罪者であったと捉え，境界線を明瞭にすることにより，われわれの正常さを担保しようとするのである。

　土井（2010, pp198-204）は，貧困層に集中して出現していた非行少年が，普通の家庭の出身が8割を占めるようになった現象，かつては「欠損家族」が非行の原因であるかのように見られていたが，母数として単親家族が増加し，市民権を獲得するようになると，単親であることは悪環境としてのリアリティを失い，「欠損家族」が非行の原因とみなされなくなったことに注目する。われわれと〈逸脱する他者〉との境界線があいまいになったのである。かつて貧困家庭や欠損家庭に生まれた少年は，明らかにわれわれと異なっていたために，福祉や教育の対象となった。しかし，その差が認められなくなった現代では，Young（1999=2007, pp285-286）の言葉を借りれば，人々は〈逸脱する他者〉との違いを，本質における違いに求めようとする。すなわち，非行は「社会の病理」ではなく，「個人の病理」として見られるようになった。

　猟奇的とも称される事件は，まさに文字どおり特殊であるがゆえに，以前からずっと「個人の病理」としてみなされていたのではないかと勘違いされがちであるが，そういった事件も以前は「社会の病理」という文脈で語られることが多かったとし，1997年に神戸市で発生した児童連続殺傷事件と1969年に川崎市で発生した聖サレジオ学園高校事件を比較している（土井, 2010, pp202-204）。二つの事件はそれぞれ別個のものであり，二人

の加害少年の内面には，それぞれ別個のものがあった可能性を指摘したうえで，報道の在り方が両事件で大きく異なることを挙げる。1969年の川崎市の事件では，第一報は「異常性は見られず，毛虫がケンカの原因？」との見出しで，「日ごろ悪ふざけをされていたことを思い出し，腹が立って持っていた登山ナイフで刺し殺した。夢中で首も切り落とした」との供述を紹介している。その後の報道でも，加害少年を「普通の少年」と強調するものが目立っている。彼の犯行動機は，被害少年との日頃からの確執や，それに由来する憎しみに求められている。……ここには「社会の病理」と呼べるほど社会事情に言及した語り口は見られない。しかし少なくとも「関係の病理」として語ろうとする姿勢は見て取れる。ところが1997年の神戸の事件では，「図工の時間にカッターナイフの刃で飾った作品」，「猫の解剖に飽き，人間を殺したいという妄想」……といったように，ごく普通の子どもという顔の裏側に秘められた異常性を強調する新聞記事が目立っている。週刊誌でも，「先天的な脳障害の可能性」や「サイコパスの可能性」が指摘され，「未分化な性衝動」，「性的サディズム」……などといったように，彼をモンスター視する言葉が盛んに飛び交った。

　土井（2010, p204）は，この二つの時代のあまりにも対照的な報道姿勢には，それぞれの時代の人々の心性が反映されているのではないかと思わされると言う。すなわち，少年非行を，私たちが日々生活を送っているこの社会のなかで，いわば，ネガティブな社会化や対人関係の中で育まれた後天的なものとして捉えるのではなく，少年たちの内面に持っている，生まれつき備わった先天的なものとして，それを考える傾向が強まっていると論じる。

　しかしながら，ふたつの事件の比較に関して一点指摘しておかなければならない点があると筆者は考える。川崎の事件では，日頃から交流があった同級生同士の事件であるのに対して，神戸の事件では，相手が年の離れた児童であり，顔見知りではあったが事件につながるような確執はなかった点である。このように加害少年・被害者の関係性の違いから，加害少年

の持つ問題性の違いも浮かび上がる。しかし，その点を差し引いても，一方が「普通の少年」であり，他方が「モンスター視される少年」であるほどまでの違いがあるのか，疑問である。そこには，世間が加害少年に向ける視線の違いがあると考える。

　土井（2010, pp238-242）は，光市母子殺人事件を取り上げ，被告弁護団の活動に対して世間の風当たりが強かったこと，さらに弁護団の活動を公平な見地から冷静に迫ったテレビ局のディレクターまでもが非難されたことを取り上げる。加害少年に対する憎悪の強さ，処罰感情の厳しさが目を引く。世間がここまで非難し続けることができるのは，自分たちはその行為に一切加担していないと思っているからであろうと土井（2010, p239）は言う。その犯行に対して責任を負っているのは，あくまで加害者個人だと考え，社会が関与しているとは考えない。社会的な関係の中で非行が形成されたとは考えずに，加害者個人の内面にある資質が現れたものと捉えているからであると論じる。加害少年の内面だけに犯罪原因が求められると，犯罪の原因への対策を皆で講じることによって，犯罪を未然に押しとどめたり，再犯を防止していこうとする発想が出てきづらくなると，土井（2010, p242）は危惧する。

第5節　排除型社会と司法・矯正システムの課題

　明治時代には，宗教家や慈善家などが自発的に刑余者の立ち直りのために宿泊所を提供し，食事を与え，さらには仕事をさせたという歴史的事実がある。このような経過を持つ更生保護施設は，地域コミュニティの理解と協力を不可欠のものとする。保護観察も，地域コミュニティにおいて職・住が受け入れられることを前提とした制度である。

　しかし現代が〈排除型社会〉であり，非行少年個人における病理性，問

題性を際立たせることで,人々が心の安定を保とうとしているのならば,社会が非行を自分たちの問題として,立ち直りにかかわろうとする動きは期待できない。むしろ非行少年はモンスター化され,社会から排除される動きが今後も予想される。

　少年たちを地域で受け入れ,育てようとするキャンペーンが張られる。その理念は,フォーマルには正しいが,インフォーマルには受け入れられない。現実に地域住民が抱いている,潜在意識的な排除感情を考慮に入れなければ,理念と現実のギャップは埋められない。現在の司法・矯正システムは,このような現代社会の人々の抱く,根深い排除感情を考慮に入れていない点で,実効ある立ち直り支援を実現させる上での課題を抱えている。それでは,どのような条件が整えば,少年が社会に受け入れられることが可能になるのであろうか。以下の章で検討する。

引用文献

土井隆義 (2010) 人間失格? 「罪」を犯した少年と社会をつなぐ. 日本図書センター.
林芳樹 (1982) 社会問題としての非行―社会的意味の観点から. 東京大学教育学部紀要, 22, 183-192.
広瀬卓爾 (1977) 一般市民の違法行為に対する排斥－受容態度. 犯罪社会学研究, 2, 192-208.
川崎卓司 (1978) 更生保護と地域社会. 犯罪社会学研究, 3, 72-86.
菊地和典 (1981) 粗暴化・凶悪化現象の実情. 少年補導, 26, 13-21.
守山正 (1983) インフォーマル・クライム・コントロールの諸断面―社会の人々の果たす犯罪抑止的機能の若干の考察. 犯罪社会学研究, 8, 22-37.
大村英明 (1981)「非行,戦後最悪」と「殺人,戦後最良」と―しかし,ここにきてどうやら予断を許さない事態である. 少年補導, 26 (10), 36-41.
高原正興 (2011) 新版 非行と社会病理学理論. 三学出版.
堤圭史郎 (2001) 市民のまなざし. 森田洋司編:落層―野宿に生きる. 日経大阪PR.
Young, J. (1999) Social Exclusion Crime and Difference in Late Modernity. Sage Publication.(青木秀雄・伊藤泰郎・岸政彦・林澤真保呂訳 (2007) 排除型社会―後期近代における犯罪・雇用・差異. 洛北出版)

第 II 部

自己疎外・家庭内疎外と社会的排除の連鎖による非行化過程の理解

　第Ⅱ部では，自己疎外・家庭内疎外により非行化が始まり，社会的排除により非行傾向が憎悪する過程について，発達を支える場の視点から検討する。第3章，第4章では，自己疎外と家庭内疎外が非行の発現にどのようにかかわっているのか，事例検討により明らかにする。第5章では，非行化が進むにつれて，少年・家庭・コミュニティのかかわりがどのように変化し，自己疎外・家庭内疎外と社会的排除がどのように深刻化するのか，複数の環境調整命令事例により，その過程について検討する。

第 3 章

青年期における自己疎外と非行
――「居場所」という視点からの非行事例理解――

　第3章，第4章は，少年の内面に焦点を絞り，第1，2章で述べた少年と環境とのつながりに困難がある場合に，少年の内面でどのような変化が起きるのか，検討する。少年の内面を検討することで，少年の視点からの立ち直りを考えることにつながると考える。

　本章では，環境とつながることの困難を，青年期の親離れを取り上げることで検討する。次に述べるように，青年期は第二の分離個体化過程と呼ばれるが，親との間で，関係を疎隔されているように感じられ，孤立感や不安感，不信感などの情動反応が引き起こされ，自我の統合性を欠いた状態に至ることがある。これは，一種の疎外状況と捉えることができる。そこで発達状況における疎外状況がどのように体験され，非行とどのように関連するのか，筆者が担当した事例により検討する。

　青年期の範囲の定め方は，笠原（2011, p34）に従う。笠原（2011, p34）は，サリバン（Sullivan），ケニストン（Kenniston），エリクソン（Erikson）の知見を取り入れて，青年期をプレ青年期（10歳前後から14歳前後），青年前期（14歳前後から17歳前後），青年後期（17歳前後から22～23歳前後）に分けることを提案している。笠原（2011, p64）は，青年期とは「身体的生物学的次元の蠢動にはじまり心理的次元の安定によっておわる」と

概念定義し，身体変化も取り込んだ語の用い方となっている。本書が参考にしている Blos（1967）が，青年期（adolescence）という用語を用い，思春期（puberty）という用語を用いていないこと，笠原の定義にあるように，思春期に比べて青年期が，身体変化に限られない広い概念を指すことから，本書でも青年期で統一する。

第1節　親からの分離過程と疎外

　Mahler ら（1975=1981, pp50-140）は，幼児が母親から自立する過程を，分離固体化論（separation individuation process）で捉えたが，Blos（1967）は，Mahler の論を引き，青年期を「第二の分離個体化期」と名付けた。青年期の分離とは，家族への依存から脱皮し，乳幼児期の内的な対象との絆を緩め，大人の世界の一員となること（Blos, P., 1967）である。第二次性徴が始まることにより，親，とくに異性の親との「否応なしの」分離が始まる。第二の分離個体化と疎外は，次のような二点で関連がある。

　第一は，親から距離を取らないと，乳幼児期の完全に依存していた頃の自分に引き戻され，今の自分が呑み込まれてしまうような疎外感である。Blos（1967）は，いつまでも親との依存的な関係に取り込まれることは，主観的には疎外感を引き起こすと述べ，分離できないことがもたらす疎外感に注目する。疎外感のなかでも，自我の統合性を欠く状態に引きずり込まれる不安感である。親に取り込まれてしまうとは，親子のかかわりが，いつまでも乳幼児期の庇護する－される関係であり，その関係性を否定し，距離を取ることができなくなっている状況を指す。これに対処するために，たとえば親と一緒に入浴していたのを止める，親に秘密を持つなどの工夫をして，子どもの方から距離を取る。この分離に失敗した時に，非行によって分離を成し遂げようとすると，Blos（1967）は論じる。たとえば，車を

盗んだり，学校を休んだり，薬物を使用するなどの親の価値観に反する行為を敢えて行うことで，親との関係を断ち切ろうとすると言う。

第二は，分離体験が疎外として感じられることに注目する視点である。小此木（1979, pp11-12）は，分離過程によって引き起こされるうつ感情に注目する。親との距離をとる試みは，青年の側から行われるわけであるが，この試みによって青年は，家族との間に距離を感じ，うつ気分になるという。分離個体化の過程とは，乳幼児期に形成された，絶対的に依存していた親と子どもの関係を脱皮し，あらたな自分を築くことである。その過程は，乳幼児期からの依存対象として内的に形成された親を失うことであり，うつを引き起こしやすい（小此木, 1979, p12）。同様に笠原（2011, p85）は，分離個体化の過程は「見捨てられる」不安が生まれやすいことを指摘する。小此木（1979, p12），笠原（2011, p85）から見えてくる，この時期の青年の心理はデリケートであり，行動としては親を避ける，親に反抗するなど親を否定するかのような態度を取りながら，内面的には傷つきやすく，うつ気分に陥っており，行動と内面の食い違いが生じている。うつと非行との関連について小此木（1979, pp11-12）は，青年期はある意味で「喪の過程」であり，たとえばある中学生は，失われた対象を埋め合わせるかのように，アイドルに熱中することで，危機を乗り越えようとする。しかし喪失感が自分の手におえないほどに強くなると，シンナー吸入，性関係，多食などで躁状態を作り出すことにより，一時的にでも，喪失によるうつから逃れようとすると言う（小此木, 1979, p12）。

わが国の研究者が，親から引き離される喪失感に着目しているのと対照的に，Blos（1967）は，首尾よく分離できないことにより自分がなくなる不安に注目している。文化差とも考えられるが，はたしてわが国においては，自立することが妨げられている状況が危機とはならないのであろうか。いや，わが国においても自立できないことが危機となり，親からの分離のために非行を起こしていると考えられる事例がある。たとえば，非行傾向

が進んでいないにもかかわらず、多数回無免許運転を繰り返す事例について、親からの分離不安によるうつ気分を紛らわすための非行というよりは、事件を起こすことで親の価値基準をあえて破り、親とは別の存在であることを示し、密着した母子関係から脱皮しようと試みていると理解することが適切であると思われる場合がある。青年期危機としての非行理解では、親から首尾よく分離ができないことによって引き起こされる不安と、親からの分離によってもたらされるうつ感情の双方向から考えるのが、現実の事例理解に即している。

このように青年期とは、周囲から疎外される不安に抗しながら、親からの分離を行い、自我の再統合を行おうとする、困難な課題を抱えている。筆者は、この課題の遂行には「居場所」があると感じられることが必要ではないかと考え、非行事例をとおして、「居場所」に注目した少年の非行理解と支援について述べる。

第2節 「居場所」——非行理解から立ち直り支援へ

不適応行動を起こした青年期にある者に対して、「居場所」がないと見ることで共感的理解が可能になる場合がある。「居場所」という言葉は、日本人の間では共有されていることが前提になっている日常語であり、専門用語に置き換えることが難しい。面接者自身の使用方法を振り返ると、便利な言葉であるがゆえに多用しすぎ、「居場所」がないという言葉を使用することにより、どのように事例理解が深まり、どのように面接関係が変化したのかが明らかにされないままであるように思う。そこで「居場所」がないという言葉を鍵概念にして事例を振り返ることで、新たに何が理解できたのかを明らかにしたい。

北山 (1993, p174) は、自分が自分でいるための環境を「居場所」と定義

している。面接者は,「居場所がある」とか「居場所がない」ということは,周囲（環境）にどのように自分が受け入れられているのであろうかという主体の受け取り方によると考えたので,次のように定義する。すなわち「居場所がある」とは,自分自身でいることが受け入れられていると感じられることとした。

本章で取り上げるのは,家庭裁判所における在宅試験観察（「試験観察」という）での,筆者である家庭裁判所調査官と少年Aとの継続的な面接の事例である。少年とのかかわりの中で,面接者が少年の居場所のなさを意識するようになったことで,面接関係が変化し,立ち直りの支援に役立ったと考える。そこで,少年が感じていた居場所がないとはどのような心理状態であると理解したのか,居場所がないことを理解した上でのかかわりとはどのようなものであったのかを検討し,立ち直りの支援につなげる。

なお本事例は匿名性に配慮し,個人を特定する情報は記述していない。また本質を損ねない程度で,事例に手を加えている。

第3節　事例提示（事例A）

・プロフィール

19歳,男子。盗みや交通違反で処分されたことがある。非行歴に似つかわしくなく,優しく控えめな表情。

・事件

暴走事件に参加した件で逮捕された。暴走に参加する直前の行動に特徴があった。暴走族とはかかわりのない友達と,自分のバイクの修理をしていると,暴走族の仲間が割り込んできてバイクを取り上げて,暴走族用に改造を始めた。初めに修理を手伝ってくれた友達と暴走族仲間が,Aのバイクの取り合いを始めたのを見て,Aはどちらにも嫌われたくなかったの

で，黙って見ていた。怒った暴走族仲間が，暴走用の部品を取り外すと捨て台詞を吐いたことから，せっかく暴走用に仕上がりつつあるのだから元に戻されたくない気持ちと，暴走族仲間にバイクを乗っ取られるのではとの不安から，すきを狙ってバイクを奪い返し，その足で暴走に参加した。

バイクを暴走用に改造するのかノーマルにするのかは，Aにとって重大なことがらであるはずなのに，どちらにも嫌われたくない気持ちから口をはさむことができなかったことが目を引く。このどっちつかずの心理状態は，Aの人格を理解する上で重要な点である。

・面接構造

第1回までの審判で，Aとは3回，両親とは1回，面接を行った。その結果が，「事件」，「家族」，「生育史」にまとめた内容である。

第1回の審判で試験観察になった。試験観察とは，直ちに処分を決めることが困難な場合に，家裁調査官が助言・指導を与えながら，観察し，その結果を踏まえて最終的な審判が行われる制度である。Aとは，試験観察の間，家庭裁判所で継続的な面接を行った。試験観察の経過は，「面接経過」に記載した。

・家族

父は50代，自営業。Aは，立派に仕事をしている父を尊敬しながら，かなわないとも感じているようであった。母は40代，主婦。Aには病弱の兄がおり，両親は兄の看病に手を取られることが多かった。

・生育史：

Aは小学校時代は，学校の成績も中の上であり，スポーツも良くできた。両親にとって心配のない子であった。ところが6年になり，不良仲間に誘われてバイクを盗む手伝いをしている。

中学入学後Aは，両親の期待に応えなければならないと，再び勉学に励むようになった。ところが体調を崩すことが多く，教師にたびたび倦怠感を訴えていたと言う。また学年が上がるにつれ，無気力な態度が目につ

くようになった。一方で不良集団のお先棒を担いでバイクを盗んで乗り回すことも始めた。

　この件で裁判所に呼ばれることになるが，その時に書かされた反省文は，几帳面な字でつづられており，内容は常々親から言い聞かされたものの受け売りと思われたが，あたかも自分自身で考えたかのような表現になっていた。

　高校受験に失敗した後，まったく勉学への意欲を失った。しばらくは放心状態であったと言う。そんな時に暴走族に誘われて，言われるがままにメンバーに加わった。16歳で，暴走族の仲間に誘われて，ひったくりも始める。ところが，しばらくすると暴走族仲間に振り回される生活に不自由さを感じ，一時，土地を離れたこともあった。

　ひったくり事件が発覚し，少年院での教育を受けることになった。少年院では優等生で過ごし，出院後に指導を受けるようになった保護司には，自分から相談を持ちかけるほどしっかりと指導に従い，与えられた役割を過剰なほどにこなしているようであった。

　地元に戻ると，相手をしてくれそうな仲間がなかなか見つからず，孤立感を感じていた時に，以前の暴走族仲間との縁が復活し，そのメンバーで今回暴走した。

・面接経過

　［第1期　面接者がＡの過剰適応に気づくまで］（＃1～＃5　X年6月～X年8月）

　試験観察という最終処分を保留した決定になった。最終処分までに，Ａには2週間に1回，父には3回面接することにした。

　試験観察では少年だけに面接を行う場合もあるが，このケースで父に面接をしようと考えたのは，Ａが父の仕事を継ぎたいと述べたこと，Ａが父に接近しようとする姿に，Ａが自分の中に父親像を取り込もうとしているように考えたからである。またＡが暴走に参加しようとしたきさつに，

何らかのアイデンティティを身につけようとしているのではと感じ，それならば肯定的なアイデンティティを身につけさせた方が良いと考え，大人社会の代表である父をＡの社会化を促す介添え役として位置づけようとしたいきさつがある。

　また試験観察を始めるにあたり，他人の思惑に左右されずに進路選択できるようにと動機づけた。面接当時は，バイクを取り戻して暴走した経過に，反社会的行動といえども主体性を読み取っていたので，その主体性を肯定的文脈に置き換えたいとの意向も働き，自分で結論を出すように促した。周囲の目を気にし，誰にも嫌われたくないと思うあまり身動きが取れない状況であったことは心のどこかで気になりながら，そのことは意識の背景に退いていた。Ａは面接者に対して，暴走族の一員から裏切り者と見られていたので見つかるのが怖かったことを訴えていたが，そのような態度について当時の面接者は，大人にも暴走族仲間にも好かれようとして態度を意識的に使い分けているかのように受け取っており，誰にも嫌われたくないという気持ちの背景にあるＡの不安については意識を曇らせていたように思う。

　早速Ａは仕事を探してきた。その際相棒のＣ氏に，将来は父の仕事を継ぐことを考えているので，家業にも生かせる経験を積みたいと自分の考えを伝えた。筆者は，意思表示ができたと評価したが，振り返って思うとＡは，筆者の意向に沿った意思表示を行ったのであり，他者に従順であろうとする態度に変わりはなかった。しばらくするとＡは，Ｃ氏が自分の方針と異なることがわかった，自分の思っていることを言いたいけれど言えないと口ごもった。Ｃ氏にも筆者にも嫌われたくなくて困惑したのであろう。また，アルバイトという不安定な身分ではなく正社員の仕事に就きたいと述べた。Ａは「ここに来たら相談できると思った」と言い，筆者に決定をゆだねるような期待を示した。その態度は，今までの保護司に対する態度と同じと考えられた。こちらから具体的な指示を与えると，Ａの主

体的な判断の機会を奪ってしまうように思われたので，自分でＣ氏に従うか袂を分かつか考えるように，また場合によっては父に相談したらどうかと伝えた。Ａは困惑した顔つきであった。Ａの困惑について振り返ってみると，筆者は自分の意見を明示することはしなかったが，相手の意向を先取りするＡにとっては，それまでの筆者の態度から「場合によっては袂を分かつことも考えよ」という指示を出されたように受け取ったであろうし，「自分について来い」と指示するＣ氏との間で身動きが取れなくなっていたのではないかと筆者は考えた。

　次回の面接では１時間遅れてきた。将来について自分で考えよと指示したのが重荷になったであろうと予測した。Ａは，将来のことをどのように考えてよいのかわからないと答えた。そこで考えを進めるために具体的な指針を示したが，上の空であった。父に相談したのか問うと，「あれこれ言わずに今はＣ氏に従え」と言われたと小さくなって答えた。父に相談してはどうかと助言した手前，父と筆者の意見が違うのではＡが困るであろうと考え，父の考えを支持する発言をするとＡはホッとした表情を見せた。筆者と父の綱引き状態から解放されたように思われて安堵したのであろう。

　面接開始当初は，Ａはアイデンティティを求めているのだと考え，アイデンティティが確立できるよう援助しようと考えていたが，一生の仕事を探さなければとか，正社員にならなくてはと自分を窮屈に縛り，一歩も身動きできない状況を目の前にすると，少しでも楽になれるように援助することが先決であると考えた。拘束されている気持ちを緩めようと考えて，「60点でもよい。まずいと思ったら後から軌道修正すればよい」と伝えたところ，Ａはホッとした顔を見せた。この頃から筆者は，Ａにとって意味があるのは，将来が定まることではなく，定めないでも相手から認められる体験ではないかと考えるようになった。したがって，あるがままのＡを受容するような面接を心がけることにした。

［第2期　Aが過剰適応を止め，「居場所のない不安」に目を向け始めた時期］（＃6～＃9　X年8月～X年10月）

次回Aは，おしゃれをしてやってきた。不景気で仕事がなくなったとの報告であったが，さっぱりした表情であった。あれこれ悩むことから解放されて，気が軽くなったのであろうと筆者は考えた。しかしAは，人に紹介してもらい，さっそく次の仕事を見つけてきた。せかされたように事を運ぼうとするAの心境がつかめないまま，しばらく様子を見ることにした。父は，Aがやりたい仕事であればやったらよいと言ってくれたと言う。新しい職場の親方が父そっくりだとAははにかんだように言った。

しかし1カ月後には，周囲がよそよそしいこと，妙に気遣ってくれて気づまりであることを語った。間が空いたらまずいと思って急いで見つけたが，他人の紹介したところではしっくりこないと語った。いままでのAなら，どこかしっくりしない感覚を抱いていたとしても馴染んでいるかのように行動することで不安を打ち消して解決を図ろうとしていたのではないかと考えられるが，この回のAは行動に移そうとせずに思い悩んでいた。職場が気づまりであることについて誰かに相談しようと思うかと尋ねたところ，しばらく考えてからAは「誰かに聞いてわかることではありませんね」と答えた。今まで職場に過剰適応することにより，当座の不安を解消していたAであるが，不安を自分の内面の問題として位置づけようとしているように考えた筆者は，仕事を続けても止めても良いから結果だけ教えて欲しいと伝えた。この回は父にも面接したが，父はAの気詰まりな様子には気づいていないようで，「よくやってくれている」と満足した様子であった。

後に，この直後に仲間と遊んでいて傷害事件に巻き込まれたことがわかった。1回欠席した後に，「仕事を辞めた。どうしても行きづらくなった」と，しょんぼりした様子で述べた。「今まで頑張りすぎた？」と問う筆者の言葉を即座に否定し，「今までは，定職につかないといけないと思って

いた。アルバイトでもダメだと思った」と述べた。Aは，他人の紹介で行くと気を使うので自分で選びたい，住み込みで働くことを考えていると述べた。父はあまり良い顔をしなかったが，何も意見しなかったとのこと。この回のAの表情は暗かった。気がかりであったが，時間をかけて探してもらおうと考え，次回の面接日を指定せず，仕事が見つかったら連絡してほしいと伝えた。

［第3期 「居場所」を得て，中間的な選択ができるようになった時期］
（＃10〜＃13 X年11月〜X＋1年3月）
　1カ月経っても連絡がないので，状況確認のために自宅に電話すると母が出て，「一生懸命探しているようだけれど，なかなかなくて困っているようです」とのことであった。しばらくして，知人の仕事の手伝いを始めた。住み込みであった。「今までやったことのない仕事には行く自信がないし，家を離れる自信もない。長続きする仕事で正社員の仕事でないといけないと思うが，何をしてよいかわからない。とりあえず，今の仕事に就いた。最初は焦っていたが，今のアルバイトを始めてからのんびりした気分になった」とAは述べた。「『とりあえず』という決め方は良いね」と返すと，「外から見たらだめだと思う。アルバイトが仕事と見られるのだろうか」と言うので，アルバイトでもよいことを再度伝えた。筆者は，第1期から常勤でもアルバイトでもよいと伝えており，どのような仕事に就くのが良いのかについて規制を加えるつもりは持っていなかった。するとAは「僕はダメだと思う」と言い，「裁判所があるから，常勤でないといけないとがんばってきたのに……」といかにも話が違うと言いたげであった。Aは，筆者の考え方と自分の考え方が異なることにあらためて気づくと，「自分では将来の方針を決めることがどうしてもできない。でも人に決められると気持ちがついていかない」と述べた。今までせかされるように何者かであろうとしたAが初めて，何者なのかを決めることができな

い自分を認めることができたように思われた。
　しばらくしてAは，家業を手伝うようになった。「今まで迷惑をかけたので，安心させたかった」と言い，母の「帰ってきたら……」の一言も帰りやすくしたとのこと。筆者には，放浪していたAがやっと家にたどり着いたように思われたので，「一休みね」と声を掛けた。将来の仕事は考えていない，とりあえず家業を手伝うことにしたのだとのこと。最終回には父が同伴した。父子それぞれに面接をした。Aは仕事が忙しい様子で，あまり話すこともないようであった。父は，そろそろ年なので将来のことは自分で判断してもらいたいと述べた。

・審判

　将来が定まっていないという現実は，面接を開始した当初と変わっていないが，今のAはその現実から居場所がない不安を喚起されないようになり，とりあえず父の仕事を手伝うとの仮の結論を出すことができるようになった。この変化について筆者は，Aが自分の将来について悩めるようになり，いたずらに行動することで不安を解消しようとする必要がなくなったのではないかと考え，新たな処分は必要ないとの意見を述べ，審判ではその通りとなった。

第4節　事例理解

　事件発現の機序と少年への働きかけについて，次のように過剰適応と「居場所」のなさを中心に，事例を振り返る。

1. 生育史においてみられる社会適応的傾向と反社会的傾向

　Aには，社会に適応的に振る舞う面と，反社会的な文化を取り入れて振る舞う面の二局面が，入れ代わり立ち代わり現れる傾向があった。それは，

次の表（3-1）のとおりである。

表 3-1　A の社会適応的傾向と反社会的傾向の入れ替わる様相

	社会適応的傾向	反社会的傾向
小学校時代	学校の成績は中の上であり，スポーツでも活躍した	
小6		不良仲間に誘われてバイクを盗む手伝い
中学1年	まじめな勉学態度	
	無気力さが目立つようになった。	
		不良集団のお先棒を担いで，バイクを盗んで乗り回す。
中学3年	裁判所で書かされた反省文は，几帳面な文字，親に言われたことをそのまま書いたような文面	
中3	高校受験に失敗　放心状態	
16歳		暴走族に加入。暴走族仲間とひったくり
	暴走族から離れ，住み込み就職	
	少年院送致	
	少年院では優等生 保護司には積極的に指導を受ける	
		暴走族の仲間と付き合うようになる
19歳		本件暴走

　相反する価値感の間を揺れているように，客観的には見えるが，少年の語りにはそのことに矛盾を感じたり，葛藤を感じたりする様子はなかった。その場その場で深く考えず，自分にとって重要な人に合わせた結果の，脈絡のない行動であったと考える。すなわち，社会適応的な行動は両親や教師に合わせた結果の行動であり，反社会的な行動は，不良仲間に合わせた結果の行動と考える。このように価値観を反転させることを，悩まずに繰り返すことができることから，行動を起こすときに自我を関与させない，あるいは自分自身の意思よりも環境に合わせることが優先されていること，すなわち過剰適応が想定できる。

2. 事件の背景要因としての葛藤状態

　事件に至る直前の経過は，Ａの統合されない心の動きを如実に表していた。すなわち自分のバイクであるにもかかわらず，友達二人に言われるがままにバイクの修理・改造をゆだねていた。友達の一人はノーマルなバイクとして修理をするつもりであり，もう一人は暴走用に改造するつもりであり，二人の方針は相反するものであるにもかかわらず，Ａはどちらにも嫌われたくなかったので，傍観していた。いずれの友達にも迎合することで嫌われまいとする態度がみえる。この葛藤状態はＡがバイクを取り返して，その場から離れることで解消された。

3. 試験観察における少年の過剰適応傾向の変化

　少年と筆者の対応について，表（3-2）に従い，3期に分けて説明する。

［第1期　筆者がＡの過剰適応に気づくまで］
　面接開始当初は，Ａについてアイデンティティを模索しており，Ａには模索するだけの主体性が備わっていると考えた。Ａが周囲の意向に合わせようとする傾向を取り上げ，他人の思惑に振り回されないようにと動機づけた。試験観察の事例では，どのような変化が見られたかは，処分を決めるうえで重要な要素となる。無職少年の場合には，職に就くことは，優先順位の高い目標となる。したがって面接開始時にはＡも筆者も，職に就くことを目標として掲げていた。この時期，面接者は，職を得ることとアイデンティティの獲得が十分区別できていなかった。

　さっそくＡは，家業にも生かせるような職に就くと宣言した。筆者と父の意向に沿った方針である。しかしＣとの方針の食い違いに気づき，自分の考えを述べたいが言えず，行き詰まりを見せる。筆者の指示に従おうとするができない状況で，葛藤が生じている。生育史に見られるように，Ａは葛藤状況になると，耐えられず，その場から回避することで解決を試

第3章　青年期における自己疎外と非行

表3-2　試験観察における少年の過剰適応の変化

回数	少年の対応	筆者の対応
1〜5		「他人の思惑に左右されずに進路選択できるように」と動機づける。（指示） 父にも面接に来てもらうことを伝える。
	「家業にも生かせる経験を積みたい」と職場の相棒Cに伝える。（過剰適応）	
	Cと方針が合わない，Cに自分の思っていることが言えないと，行き詰まりを見せる。（過剰適応の失敗）	
	辞めるかどうするか，ここに来たら相談できると思った。	
	アルバイトではなく正規の仕事に就きたい。（過剰適応）	
		自分で決めるように（指示） 場合によっては父に相談したら？（指示）
	【困惑した表情】	
	【面接に1時間遅れる】	
	将来のことを，どう考えてよいのかわからない。（内省）	
		父に相談したのか
	「あれこれ言わずにCに従え」と言われた。	
		（Aの葛藤状態を緩めるために）父の考えを支持する。
		60点でもよい。後から軌道修正すればよい。（過剰適応を緩める）
	【ホッとした表情を見せる。】	
6〜9	【おしゃれ，さっぱりした表情】	
	不景気で，仕事がなくなった。 次の仕事を見つけた。（過剰適応）	（次々と仕事を見つけるAの気持がつかみかねるが，何も言わず。見守る）
	父はやりたい仕事があればやったらよいと言ってくれた。	
	新しい職場の親方が父にそっくり	
	職場の空気がよそよそしい，気詰まり（内省）	
	間が空いたらまずいと思って急いで見つけたが，他人の紹介したところではしっくりこない。（内省）	
	【行動に移そうとせず，思い悩む】	
		職場が気づまりであることについて誰かに相談しようと思ったか？

— 69 —

	誰かに聞いてわかることではありませんね。（過剰適応を否定）	
		仕事を続けても止めても良いから結果を教えて欲しい。
	「仕事を辞めた。どうしても行きづらくなった。」としょんぼりして言う。（過剰適応を否定）	
		今まで頑張りすぎた？（過剰適応に言及）
	今までは，定職につかないといけないと思っていた。アルバイトでもダメだと思った。	
	他人の紹介で行くと気を使うので自分で選びたい，住み込みで働くつもり。（現実検討）	
	【表情は暗い】	
		（時間をかけて探してもらおうと思い）見つかったら連絡してほしい。
10〜13		自宅に電話して，母に状況確認。母によると，「一生懸命探しているようだけれど，なかなかなくて困っている様子」
	【知人の仕事の手伝いを始める】	
	今までやったことのない仕事には行く自信がないし，家を離れる自信もない。（内省） 長続きする仕事で正社員の仕事でないといけないと思うが，何をしてよいかわからない。（内省） とりあえず，今の仕事に就いた。最初は焦っていたが，今のアルバイトを始めてからのんびりした気分になった。（内省）	
		「とりあえず」という決め方は良いね。（支持）
	外から見たらだめだと思う。アルバイトが仕事と見られるのだろうか。（過剰適応の見直し）	
		アルバイトでもよい。（支持）
	僕はダメだと思う。裁判所があるから，常勤でないといけないとがんばってきたのに……（過剰適応の見直し）	

	【口ごもりながら】家業を手伝うようになった。	
	親を安心させたかった。	
		一休みね。(意味づけをして支持)
	将来の仕事は考えていない，とりあえず家業を手伝うことにした。(現実検討)	

注）太線で区切った領域は，1回の面接での過程を示す。

みてきた。職を辞めることについて，お墨付きをもらいたくて，面接場面に臨んでいる(「辞めるかどうするか，ここに来たら相談できると思った」)。それに対して，筆者は最初の方針通り，「自分で決めるように」と指示するが，Aの困惑した様子を見て「場合によっては父に相談したら？」と助け舟を出す。

しかしAは次回，面接に遅れる。「将来のことを，どう考えてよいのかわからない」とはじめて困惑した気持ちを表出する。前回の面接の流れで，父親の意向を聴いていることが想定され，聞いてみると，「あれこれ言わずに，Cに従え」と言われたことがわかる。Aは，筆者の指示と父親の指示が食い違う葛藤状況の中で困惑していることがわかった。そこで，葛藤状況を緩めるために，筆者は父の考えを支持する意見を伝える。葛藤状況を軽くしたうえで，「60点でもよい。後から軌道修正すればよい」と過剰適応を緩めるよう介入している。

［第2期　Aが過剰適応を止め，「居場所のない不安」に目を向け始めた時期］

結果Aは，父の意向に従うのではなく，仕事を辞める。その選択を，父は認めた。Aはさっぱりした表情で面接に来る。しかし，すぐに新たな仕事を探しており，過剰適応の強さを感じるが，見守ることにした。Aは，

職場のしっくりこない感じを表現している。この頃から，自分の感覚を頼りにする傾向が見られ，筆者はＡの感覚こそ大事と注意を向ける。Ａは，内面に生じた気詰まりな感じに注意を向けながら，「誰かに聞いてわかるものではありません」と自分で悩みを抱えていこうとする姿勢を見せる。

　その後，面接を１回休む。この時期のＡは，職場に溶け込めない感覚を，自分の内面のこととして抱えていく必要性に気付き，重要な転機を迎えていた。１回欠席した後の面接では，仕事にどうしても行きづらくなり辞めたことが報告される。過剰適応を使わず，仕事が見つからないままの状況に留まることができるようになっている。アルバイトではだめであると思っていたことを，あらためて語る。人に言われたのではなく，自分の考えとして語られたことは，以前のようにその場その場の適応をしていたころとは異なる。連続性が感じられる表現である。

[第３期　「居場所」を得て，中間的な選択ができるようになった時期]
　筆者は，時間をかけて探してもらおうと考えたが，Ａは困難な課題に直面して，心細かったのであろうと考える。Ａの探した職は，知人の経営する店の手伝いであった。店主はＡの親密な相談相手となった。その後の面接では，自信のなさと困惑が語られ，「とりあえず」今のアルバイトを探したことが報告される。「とりあえず」という中間的な選択ができたことを，面接で支持している。過剰適応から抜け出しつつあることを物語っている。アルバイトは，「外から見たらだめ」ではないかと，現実吟味を行っている。これは，過剰適応の見直しでもある。

　その後の面接で，家業を手伝うことになったことが報告された。今の段階では，将来のことまで考えられないこと，とりあえずの選択をしたことが報告され，面接を終えた。

　筆者の働き掛けでポイントと考えられるのは，第１期でＡが外的な葛藤状況に捉えられて身動きできなくなっているときに，葛藤状況を軽くし

たうえで，過剰適応を緩める介入をしている点，第2期で過剰適応であると感じられた時に，さらに過剰適応を緩めるような指示は行わず，見守った点，Aの感覚的な受け取り方を支持した点である。

　以下の考察では，Aのパーソナリティ理解，非行と過剰適応との関連，試験観察において筆者が行ったことについて，「居場所」がないことを鍵概念にして振り返る。

第5節　考　察

1.「居場所」がないことと過剰適応

　本書で，「居場所」とは自分自身でいることが受け入れられていると感じられることとした。それに即して事例の理解をすると，Aが職場や面接場面で見せる姿勢は，周囲の期待に添うようにと懸命であり，自分を受け入れてもらおうとして努めていながら，結果は，周囲に合わせようとするあまりに自分自身がどこかに追いやられているようであった。Aは，居場所のない不安ゆえに，自分自身であることを二の次にして相手の期待に応えることを優先する態度を取っていたと理解する。このAの態度から居場所のない不安とは，自分自身を出そうとすると周囲から排除される不安に襲われ，逆に自分を矯めて周囲に合わせようとすると自分自身がなくなってしまうような不安に襲われる。どちらに転んでも不安に見舞われるという，自分と周囲との関係がみえてくる。

　自分と周囲との関係は，出生時からの重要な他者，通常は母との関係性に始まる。乳幼児は自分で自分の欲求を満たすことができないので，重要な他者に満たしてもらうことに頼る。重要な他者抜きでは生存することはできない。したがって，乳幼児は重要な他者に非常に敏感で，エンパシー（感情移入）を働かせつつ，重要な他者の感情を受けとめようとする（福

島, 1981, p52)。重要な他者が乳幼児を承認している間は問題ないが, 常に承認するとは限らない。乳幼児の主張を承認しないこともある。Sullivan (1953=1976, pp30-31) によると, 承認・不承認のやりとりを日々繰り返すうちに, 乳幼児の中に, 親に承認してもらえる自分と, 親に承認されない自分が生まれる。Chapman と Chapman (1980=1994, pp28-29) によると, Sullivan の提唱した幼児の自分自身に対する三概念には,「良い自分（good me)」,「悪い自分（bad me)」,「非自己（not-me)」がある。乳幼児は自分にとって重要な人物に対して感情移入をし, 相手の感情を受けとめる。そして, 乳首や母親に対する概念を発達させるのと対になるように, 自分自身に対する概念を発達させる。母親やその他の人々との接触の中で乳幼児が愛情と尊敬を持って取り扱われている場合, 良い自分の概念を獲得し, 苛立ちや軽視や拒否その他, 心に傷を与えるような感情で自分が扱われている場合には, 悪い自分の概念が形成される。さらに露骨に拒絶的な人や情緒的に粗暴な人, あるいはパニックに陥っている人たちとの相互作用の中で形づくられる自分については, 自分であるとの受けとめすらできない。このような関係の中でつくられる自分について,「自分でないもの（not me)」と名付けている。Sullivan (1953=1976, pp31-32) は, 重要人物から承認や不承認を受けた体験は自己の中に組み込まれるが, 自己の存続の維持を脅かすような衝動, 欲望, 欲求は自己との結合を断たれ, 解離される（to be dissociated) と述べている。つまり, 非自己とは意識から締め出された部分であると言えよう。筆者が本事例から感じ取った「自分自身がどこかに追いやられているような感じ」とは, この非自己に相当すると考える。

　Sullivan は, 露骨に拒絶的な人や情緒的に粗暴な人, あるいはパニックに陥っている人たちとの相互作用の中で, 非自己が作られるとしている (Chapman, A., Chapman, M., 1980=1994, pp28-29)。本事例の A の家庭は, A を拒絶する態度ではなかったが, 兄の病気を抱えていたことから, 子育ての煩わしさや手が取られることから目を背けたい姿勢はあったのではなかろ

うか。そのような親の態度を敏感に察知したAは、親が困らない良い子であることで親の承認を得ようとしたのであろう。Aは、親から拒絶されたわけではないが、良い子でないと受け入れられないと感じとり、良い子でない自分を非自己として適応を図ったのであろうと理解した。

非行少年の家庭では、このように親が子どもの厄介な部分に目をつぶり、全体の姿を見ようとしない場合があり、Aのように受動的な子どもが親の承認を得ようとすると、親が目をつぶっている部分を非自己とすることにより、適応を図る場合があるのではないかと考える。

福島（1981, p52）は、自分の中に自分でないもの（非自己）をつくることを一種の内的な自己疎外と位置づけている。非自己としたものが多ければ多いほど、重要な他者から取り入れた体験はやせ細ってしまい、自己を防御するためにたくさんの心的なエネルギーを使うことになる。他人から認められない自分をたくさん分離[注]してしまうことによって起こり、自己が大変にやせ細った枯れたものになってしまって、城壁ばかりが厚くて、その中には骨と皮ばかりの貧乏人が横たわっているようなことになると言う。

他人から認められない自分を非自己として分離してしまう過程は、自分が自分であることが認められない状況、すなわち「居場所」がない状況で生じる。Aは、「居場所」のない不安を打ち消そうとして、相手に認めてもらえるように自己の一部を解離することを続けて適応を図ろうとしたわけであるが、このような過剰適応によっては「居場所」のない不安を解消することはできず、自分のない不安をもつのらせる結果になるのではないかと考える。

2. 疎外と非行

「居場所」のない不安を打ち消そうとして生じる適応が過剰適応となり、

注）分離とは、Sullivan, H. S.（1953=1976, pp31-32）の解離を意味すると考えられる。

自己疎外に至る経過をみた。では自己疎外がどのように非行を起こしやすいのか，次の二点から検討する。

一点目は，自分がいずれかの集団の一員として在ると認められることにより，自分の存在感を確認しようとする動きである。たとえば，暴走族で自分が受け入れてもらいたいとすると，暴走族の仲間から認めてもらえるような行動を取って，周囲から自分が暴走族の一員であることを認めてもらおうとする。自分が集団に受け入れてもらおうとして，集団の行動規範を取り入れるのである。過剰適応の結果の非行である。

二点目は，自己疎外が不安定な機制であることに由来する。すなわち周囲から認めてもらえない自己の一部を，抑圧することによって適応しようとするが，抑圧された不安や怒り，攻撃性などの情動は，防衛を破って，行動として暴発することがある。Aの暴走行為は，いつも周囲の目顔を見ながら，自分を不自然にコントロールしようとする反動と考えられる。

疎外論を非行少年の治療論に取り入れたのは，福島（1981）である。福島（1981, pp54-59）は，攻撃性，性，遊びなど，本来人間に備わっているものを疎外し，なかったものとすることにより，それらからの反撃を受け，攻撃性が暴発したり，妄想にとらわれたりすることがあると言う。疎外は過剰適応の病理を生み出すと福島（1981, pp51-54）は考える。

3. 面接者と少年Aのかかわりについて
1）居場所とアイデンティティ

Aが，親の前では良い子になったり，不良仲間と交わると不良傾向を強めたり，また仕事に就いたと思ったら辞めたりを繰り返す状況を見て，アイデンティティの混乱があるのではないかと当初は考え，職業アイデンティティが明確になるように促した。しかしAはますます困惑し，不安を強めているように見えた。そこで筆者は，Aのさまよっている姿をアイデンティティの問題で混乱しているとみるのではなく，「居場所」がない

不安行動と捉えなおし，面接関係の再構築をはかった。この過程を検討することで，「居場所」がない視点からクライエントを捉える意義について考えたい。

　アイデンティティについて Erikson（1954, p358）は，青年がかつて子どもとしてあったところのものと現在なりつつあるものと，彼が自分はこうなのだと考えるところのものと社会が彼に認めてかつ期待するものと，これらすべてを統合して一貫した自分自身を作り上げることであるとしている。このように本来アイデンティティとは，時間軸及び社会との関係で統合されたものになることを指しているが，本事例において筆者は，職業選択に限ってアイデンティティを捉えており，他方 A は「何者かにならなければ認めてもらえない」という不安から何らかの形を探っており，両者とも視野狭窄的にアイデンティティを捉えていた。

　環境にしがみつくことにより居場所のない不安を解消しようとする A は，環境に受け入れられるかどうか，常にアンテナを張り巡らし，受け入れられない部分は非自己とすることにより適応を図ってきた。あるときには不良集団の一員であろうとし，あるときには親を安心させる良い子であろうとし，単に外形を取り繕うだけでなく，それぞれになりきったつもりであった。本来アイデンティティにかかわる心の働きが，外形を取り入れて内面的に統合する試みであるのに対して，A は環境から認めてもらえない部分を非自己とすることにより，その場しのぎの適応を図ろうとした。そのような方策が，統合と逆方向の「自己をやせ細らせる結果」（福島，1981, p53）であり，そのような状況では自分らしくいることはできない。A が「させられている」と繰り返し訴えたのは，自分らしくいることのできない不安を訴えたかったのであろう。他者の望む何かになることで自分の存在を受け入れてもらおうとする不安処理を多用すれば，皮肉なことに，「居場所」がない不安にさらされ続け，悪循環を繰り返すことになる。本事例では，何者かになることに目を奪われるのでなく，居場所のない不安

を解消するために何者かにならんとしていたと捉えるのが適切であった。

2)「面接者－良い少年」関係を抜け出て，Aの居場所のない不安を読み取るまで

Chapman（1978=1979, pp75-76）は，治療において受動的パーソナリティ障害の患者は，治療者が伝えるどんなことにも即座に同意し，治療者をいらだたせるのではないかと感じる話題を持ち出すのを避け，治療者が喜びそうだと感じる振る舞いをするのであり，これらのことは患者の意識領野の外で進行するし，不幸にもときどき治療者にとっても意識領野の外に置かれることがあり，「良い患者（good patient）」への非治療的態度は，精妙で，順調に機能している安心操作以外の何ものでもないと言う。

Aは受動的パーソナリティ障害ではないが，筆者との面接関係において同様の傾向が見られた。Aは，父の仕事を継ぎたいと言い熱心に就職先を探した。その態度は，社会適応を促そうとする裁判所の意向に沿おうとするAの適応方法であった。筆者は，その態度についてアイデンティティの課題に取り組もうとしていると肯定的に受けとめていた。Chapman（1978=1979, pp75-76）の述べる「良い患者」への非治療的態度といえよう。

しかし振り返ってみると，筆者の心は一様ではなかった。というのは意識領域においては，筆者にとって良い子であろうとすることを評価する形で対応しながら，潜在意識的にはAの態度は筆者の意向におもねるような態度決定であると考え，良い感情を持っていなかった。つまり，大人に気に入られようとしながら片方では暴走族グループにも調子を合わせており，その場その場で自分の都合の良いように使い分けているという受けとめ方をしていた。Aが筆者に向けた安心操作（Chapman, A.H., 1978=1979, p75）について，薄々とは気づいていた。しかし，その気づきは意識領域で捉えられたものではなかった。あちこちでよい顔をするAの態度が，不安による過剰適応であるとの判断をすることができず，調子の良さとして感情的な反応に留まっていた。

アイデンティティに前向きであろうとする理解について，どこかしら表面的ではないかとひっかかりを感じながら，アイデンティティ確立の一環として職業選択を働きかける筆者の態度は，Ａが筆者の期待に添う行動を取ることを意識の前面に置き，居場所のない不安を意識領域の外に置こうとする過程と符合していた。

　Ａはあたかも主体的に職業選択をしているかのようであったが，自分の意にそぐわない仕事を与えられても，断ることも従うこともできずに，父親や筆者の決断にゆだねようとした。結局は苦境から逃れようとするかのように職を辞め，さらに急かされるかのように新たな仕事を見つけるというように，自分の定まらない行動を取った。

　そのような経過を目にするまでは，筆者の見えないところではＡの自分というものが定まっていて，相手によって表面的に態度を使い分けていると理解し，調子の良いＡと考えていた。しかし，あまりに変わり身が早く，一貫性や統合性に欠けるＡの姿を見ていると，不安に駆られたうえでの行動と考えた方が適切であると考えるようになった。Ａの居場所のなさが筆者に実感できた時に，Ａを存在全体として理解することが可能になったと考える。少なくとも面接場面においては，居場所のない不安からできるだけ自由になれるように，Ａの在り様全体を受けとめようと考えた。自己の一部を非自己とする過剰適応の過程をも含めて，全体を受けとめることにした。つまり，筆者の態度に合わせようとする姿勢についても，そのままを受けとめようとした。しばらくＡはあれこれと行動することにより不安を解消しようとしたが，次第に新たに行動を起こすことは収まり，自己決定できない自分を語るようになった。

3）not me（非自己）が me（自己）に取り込まれる過程と環境の役割

　急かされたように新しい仕事を見つけたＡであるが，良い職場を得られたと喜んだのもつかの間で，「どこかしっくりこない」と気詰まりな感じや，周囲が自分を気遣ってくれて居心地が悪いことを述べた。居心地の

悪さは，以前の「させられている」というような主体性の後退した受けとめ方ではなく，どこかで自分があると感じたうえでの受けとめ方である。当時のAはしっくりこない感じは意識することができていたが，どのようにしっくりこないのかを問われても言葉にすることはできなかった。後に，他人に選んでもらったのでは気持ちがついてゆかないのだと述べている。今までは良い職場が見つかってうれしいならうれしい一色であり，気に入らないとか，うまくやってゆけるだろうかという不安や否定的な受けとめは，意識の外に追いやられていた。「しっくりこない」と感じ出したAは，今まで意識しないようにしていた望ましくない感情を徐々に意識にのぼらせるようになり，もはや一色の気持ちにはまとまらなくなっていた。相手の期待に応えたい，しかしついていけない自分がいると感じ出すようになり，葛藤が生まれ，悩むようになった。

　Aは，新しい職場がしっくりこないからといって，すぐに行動に移しても解決できるものでないことを感じ取っていた。さらに父や筆者に問うても答えが得られない問題であるとも言っており，自分で考えるしかないことを理解し始めていた。Aは常勤職に就くことが裁判所の期待に応えることであると考えていたが，筆者にそれと異なることを言われ，思わくがはずれたことに気付かされる。しかし，その後，次のように述べるに至った。「自分では将来の方針を決めることがどうしてもできない。でも人に決められると気持ちがついていかない。」Aは，悩みや葛藤を抱える自分というものを感じ始めており，その背景には「居場所がある」という安心感が生まれつつあったのではないかと考える。

4）家庭につなぐ

　裁判所という場の特殊性から，少年や保護者に面接の必要性が生じたとしても，再度訪れてもらうことを予定するわけにはいかない。そのような状況の中では，できるだけ少年の日常につなぐ必要がある。

　本事例では，面接場面でAが過剰適応を緩めることができるようにな

るとともに，家庭に落ち着くことができることも目指していた。Aが，自分自身で今後の方針を決めることはできないし，他人に解決をゆだねるには心がついていかないことを実感することができるようになったときに，母と連絡を取り合って，家庭と裁判所の双方で見守る姿勢を取った。その間，両親はAを責めずに，じっと様子を見守り続けた。家庭の見守りが功を奏して，Aは，はじめて何もできない自分のままで，家庭に身を置くことができた。Aの内界の変化に留まらず，日常生活において家庭とのつながりをしっかりとしたものにすることも，期間に制限のある，家庭裁判所の面接には求められる。

4．家庭裁判所における面接者の役割

　北山（1993, pp98-99）は，子どもという場所から大人へ移動する移行期としての思春期において，環境が継続して存在するという保証を失うと，急激に居場所が失われ,心理的な問題の契機になることについて触れている。居場所がないという不安にさらされた場合に対処する方法の一つが，本事例に見られた過剰適応，つまり環境へのしがみつきである。非行少年には，過剰適応を繰り返すタイプの少年を見かけることが多い。子どもから大人への移行を乗り切らなければならない時には，その作業を見守る環境の安定が重要となる。環境への安心感に欠ける場合には，自分の移行をこなすよりも，自分を守ってくれるはずの環境を支えなければならないことがある。過剰適応は，環境への配慮の一つとして現れていると捉えることができるが，自己の移行期の問題を棚上げしていることで，どこかでひずみが生じる。非行はひずみの一つとして理解することができる。

　裁判所としては，社会適応することを目標に何らかの形に収まるように働きかけるが，居場所のない不安を抱えている少年の場合には，このような働きかけだけでは環境へのしがみつきを強める結果に終わり，居場所のない不安を解消することはできない。したがって社会適応は一時棚上げし

ても，過剰適応を含めて全体として少年を受け入れること，そして家庭も，そのような少年を受け入れることができるように支援することが鍵となることを，考えておく必要がある。

引用文献

Blos, P.（1967）The second individuation process of adolescence. Psychoanalytic Study of the Child, 22, 162-186.

Chapman, A.H.（1978）The Treatment Techniques of Harry Stuck Sullivan. Brunner/Mazel, Inc.（作田勉監訳（1979）サリヴァン治療技法入門．星和書店）

Chapman, A.H., Chapman, M.（1980）Harry Stack Sullivan's Concepts of Personality Development and Psychiatric Illness. Brunner/Mazel, Inc.（山中康裕監修（1994）サリヴァン入門―その人格発達理論と疾病論．岩崎学術出版社）

Erikson, E.H.（1954）On the sense of inner identity. Knight, R.P., Friedman, C.R.（ed.）. Psychoanalytic Psychiatry and Psychology. Clinical and theoretical papers. Austen Riggs Center, Volume 1. International Universities Press.

福島章（1981）機械じかけの葦―過剰適応の病理．朝日出版．

笠原嘉（2011）再び「青年期」について．みすず書房．

北山修（1993）自分と居場所．北山修著作集　日本語臨床の深層　第3巻　岩崎学術出版社．

Mahler, M.S., Pine, F., Bergman, A.（1975）The Psychological Birth of the Human Infant. Basic Books.（高橋雅士・織田正美・浜畑紀訳（1981）乳幼児の心理的誕生―母子共生と個体化．黎明書房）

小此木啓吾（1979）発達的にみた思春期とその治療．安田生命社会事業団（編）．安田生命講座9，思春期の精神医学．安田生命事業団．

Sullivan, H.S.（1953）Conception of Modern Psychiatry. The First William Alanson White Memorial Lectures., W.W.Norton & Company Inc.（中井久夫・山口隆訳（1976）現代精神医学の概念．みすず書房）

第4章

家庭内疎外としてのネグレクトと非行
―― 生育史的視点から ――

　本章では，育まれる場である家庭内における疎外と非行との関連について取り上げる。家庭内疎外とは，家庭内において関係が疎であることとし，関係性が疎であることから，孤立感や不安感，不信感がもたらされ，自我の統合性を欠く状態が引き起こされるおそれをはらんでいる状況を指す。このような家庭内の状況は，虐待の一種であるネグレクトとして捉えることができる。

　家庭内において関係性が疎であること，とくに親の応答性に欠ける場合，子どもの情緒発達に影響を及ぼすことがある。親からの分離を行い，自我の再統合を行おうとする青年期においては，順調に養育されたとしても疎外される不安が高まり，器としての家庭の役割が大きいものとなる。ネグレクトがある場合には，器としての家庭の役割が脆弱となるので，青年期に特有の疎外される不安に加えて，親からの応答性の乏しさゆえの疎外感も加わり，いっそう不安定になることが予想される。そこでネグレクト事例において，どのように非行が発現するのか検討し，家庭内疎外と非行との関連をみることにする。

第1節　非行の背景因としてのネグレクト

　非行臨床では，情緒発達の不安定さを内面に抱えることができずに，行動レベルで発散させているのではないかと考えられる事例に出会うことが多い。このような少年たちの生育史をたどると，幼いころから情動の不安定さを養育者に抱えられる経験に欠けたまま，あるいは不十分なまま青年期を迎えていると考えられる事例が多い。したがって，情緒的ネグレクトに注目することは，非行臨床において意義のあることと考える。

　本章では，ネグレクトの中でも情緒的ネグレクトを取り上げる。児童虐待の防止等に関する法律では，虐待について，身体的虐待，性的虐待，ネグレクト，心理的虐待を規定している。同法第2条でネグレクトについて，次のように規定している。「児童の心身の正常な発達を妨げるような著しい減食又は長時間の放置，保護者以外の同居人による前2号（身体的虐待，性的虐待）又は次号に掲げる行為（心理的虐待，配偶者間の暴力）と同様の行為の放置その他の保護者としての監護を著しく怠ること」とある。この条文は，公権力による介入が行われる前提要件を明らかにする目的を担っており，保護者として当然為されるべきことが為されていないことが明白である場合に限られる。しかしネグレクトの実態は，法的な規定より，はるかにすそ野が広い。

　心理臨床の領域で，養育剥奪としてのネグレクトに早くから注目していたのが，Winnicott である。Winnicott（1965=1984, p183）は家庭の崩壊により，養育に十分な環境を得ることができなくなった児童を「剥奪児」と呼び，剥奪の程度を分類するのに，次のようなカテゴリーを用いる。「①一方ないし両方の親を襲った事故によって崩壊した，ふつうに良い家庭，②親としては立派であった両親の離婚によって崩壊した家庭，③親としては立派とは言えなかった両親の離婚によって崩壊した家庭，④父親がいないということで不完全な家庭（子どもは私生児），母親はよい。祖父母が父

親の役割を引き継ぐなりある程度の援助はする，⑤父親がいないということで不完全な家庭（子どもは私生児）。母親はあまりよくない，⑥家庭の形をとったことがない」。子どもは，環境を剥奪されたことにより，世界に対する憎しみ，パーソナリティの分裂，抑うつ気分，寝小便や盗みといった反社会的行動が見られると言う。また盗みをする子どもは，物を求めているのではなく，母を求めて盗みをしているのであり，盗みという行為は，「失われた環境を取り戻そうと暗中模索している姿」であると言う。この憎しみが子どもにより実感され，子どもの希望に応えることのできる環境が，回復に必用であることを論じている（Winnicott, D.W., 1965=1984, p187）。Winnicott が剥奪児に注目した背景には，戦争により養育環境を失った子どもたちを施設で保護した経験がある。戦争のない現代の日本においては，このような養育環境の剥奪が起こりうる可能性は稀であろうが，情緒的な刺激が極端に少ない状況は起こり得る。通常 PTSD については，刺激の外傷性が取り上げられ，刺激に欠ける場合は注目されることが少ないが，岡野（1995, p55）は，「個人が受ける種々の知覚的ないしは情緒的な刺激が極端に大きい場合も，あるいはそれが極端に少ないか欠如している場合も，いずれも外傷的な体験となる」と述べ，積極的な虐待である abuse を「陽性外傷」，ネグレクトを「陰性外傷」と呼ぶ。岡野（1995, p25）は，ネグレクトは「陽性外傷」のように目立った解離現象を起こすことは少ないかもしれないが，陰性外傷の結果，「他人との間に基本的な信頼関係を築いたり，『自分』という自然で安定した感覚を持つことについて重篤な障害をもつようになることが少なくない」と論じ，ネグレクトに目を向ける重要性を指摘している。

　以上からネグレクトとは，世話，情動的応答，関心など，親から子への応答性のないこと，極端に欠けていることを指す。筆者は，幼少期からネグレクトを受け，あるいは親からの不十分な応答しか体験していないことと，青年期における非行や家出などの問題行動は関連があるのではないか

と考える。青年期において，親から自立しようとする心の動きが生じると，養育環境に目立った問題がない場合であっても，分離不安が掻き立てられるものであるが，育ちの過程において不十分な応答性しか体験していない場合には，分離不安にとどまらず，見捨てられ不安へと発展し，対象を選ばないしがみつきや，薬物への依存，自傷行為などさまざまな問題行動へと駆り立てられる場合があるのではないかと考える。そこで事例を示し，継続的に受けてきたネグレクトが青年期の不安定な心情にどのように影響を与えるのか論じる。事例は，家庭裁判所の事例であり，筆者が面接者として調査した。

なお本事例を記載するにあたって，匿名性に配慮し，少年を特定する情報は記載していない。また本質を損ねない範囲で，事例の一部を改変している。

第2節　事例提示（事例B）

・プロフィール

17歳，女子。中学1年から怠学傾向が見られ，家出やバイクの無免許運転，後述のように薬物の乱用があった。しかし，それ以上の犯罪行為に手を染めることはなかった。

・事件

毒物及び劇物取締法違反事件。3カ月間の期間をおいて，2回のシンナー乱用事件が裁判所に係属した。シンナー乱用は中学1年から始まっている。

・1回目の事件係属時の面接経過

Bは，年齢に比して小柄で痩せていた。まだあどけない顔立ちのBは，表情がどことなく頼りなげであるのに，時折きっと口を一文字にしてうなずく姿が印象的であった。手の甲にはタバコの火を押し付けた「根性焼き」

の跡が数カ所残っていた。腕には，交際相手の名前が彫ってあった。Bにとっては，根性焼きは勲章のようなものかもしれないが，面接者には痛々しい傷跡に見えた。交際相手の名前は，お互いの愛を形に残そうとしたものであろうか。形にしなければ切れてしまいそうに感じたのであろうかとの考えがよぎった。能力的には平均域にあった。意思疎通も問題なく取れた。しかし，語り口は淡々としており，厳しい生育史の内容を語るときにも，感情の揺れはほとんど感じられなかった。

　父，母ともに30代である。妹がいる。両親は若者文化を取り入れた，おしゃれな出で立ちで，両親と言うよりBの兄姉のように見えた。父は，身構えた姿勢をとり，母は一歩引いた形で，父の応対にゆだね，時折横から何か言いたそうに口を開きながらも，父の様子をうかがって口を閉ざす場面があった。

　両親は若くして結婚している。経済的な基盤においても，人とのつながりにおいても乏しいところからのスタートであった。

　Bが幼少時，父は仕事で家を空けている。母も就労していたため，Bは保育園に預けられた。Bは最初のうちこそ泣いたが，すぐに保育園生活に慣れ，男の子相手に喧嘩をするような気の強いところがあった。Bが小学校の時に父が帰ってきた。家族4人での生活を開始するために，いままでの住まいを引き払い，新居に移った。それに伴い，転校した。転校することで，Bと妹は大きな打撃を受けたと考えられる。妹は引きこもってしまい学校に登校できなくなった。それに対してBは「妹の分までがんばらなければいけない」と思い，がんばって登校し，明るく振る舞ったと言う。

　Bは大人びた格好で，常に周囲の目を引いた。中学では，規律違反を繰り返し，注意されることが続いた。面接者には，Bが背伸びしつつ，周囲から注意を獲得しようとしている様子が見えるようであった。しかし保護者は，学校がBの校則違反を厳しく取り締まり，排除するような扱いをしたことへの不満のみを述べ，Bの内面への関心は語られなかった。

Bが中学時に，両親がそろって仕事のために家を空けることがあった。そろって仕事で家を空ける両親を見送るときに，妹は別れを悲しんで泣いたが，Bはあっさりと「行ってらっしゃい」と見送ったことに母は，違和感を覚えたと言う。しかしその頃からBは，友人宅を泊まり歩くことが増えた。学校も無断欠席するようになった。また家出をし，戸外で寝起きする生活を1カ月にわたり続けた。面接者は戸外での生活に怖さや心細さはなかったのだろうかと考えたが，Bは，友達がかわるがわる差し入れをしてくれたり，一緒に泊まってくれたりしたので楽しかったと語った。両親が不在になった時期に，長期の家出を決行していることを考えると，Bにとっては，家庭が家庭として機能しなくなっていると感じられたであろうことが推測できる。しかしBの語りには，戸惑いや不安などは表現されず，面接者は不自然さを感じた。

　家出が始まったころ，不良仲間との交遊も増え，その中で異性との付き合いも始まった。交際していた男性から，些細なことで激しい暴力を振るわれるようになった。しかしBは，だれにも相談できなかったと言う。暴力を苦にして，「死にたい」と思ってリストカットを繰り返していた。その男性との関係は長く続かなかった。ひどい暴力を受けたにもかかわらず，その男性との別れの直後に，自殺を試みている。そして，しばらく吸わなかったシンナーを，再び吸うようになった。また，間をあけずに別の男性と付き合い始めたと言う。Bは，今回シンナーに再び手を出すまでの経過を，このように語った。

　暴力を振るう男性は，Bを苦しめたであろうが，暴力が伴うほどの緊密な関係が，Bを孤立感から救っていたのであろうか。その男性との別れがシンナー吸入の再開につながっていることが，Bの語りから理解できた。幼いころから孤立感や不安感にさらされ，それを表に出すことができなかったBにとっては，家庭が安心できる場とは感じられなかったのであろう。家庭の代替として，安心できる相手を異性に求めてさまよいつつ，

なかなか巡り会えずに自暴自棄になっていた。どうしようもない心細さ，孤立感，怒りなどの情動を抱えきれずにシンナー乱用に至ったのではないかと考えられる。

　Bの語りについて後で振り返れば，感情を出さないように自分を抑えながら，次第に孤立し，家庭や恋人ともつながらない状況に至った経過は理解でき，BなりのSOSのサインを出していたように思う。しかしBの語り口の淡々とした点に惑わされ，緊急性を感じないままに，型どおりに面接を終えていた。保護者面接では，家庭が一番のよりどころになるので，両親でBを支えてやってほしいと伝えるにとどまった。父は，一緒にBと過ごす時間を増やしたいと答えた。この件でBは審判を受け，保護司の指導を受ける保護観察の決定となっている。

・2回目の事件係属時の面接経過
　前回の事件で保護観察の指導が始まって間がないときに，再度Bはシンナーを吸い，家庭裁判所の審判を受けることになった。新たな件では，シンナーを吸って酩酊状態になっているところを保護された。

　警察からの書類に貼ってあったBの写真は，厚化粧で，派手で目立つ格好をしており，とても10代半ばの女の子には見えなかった。3カ月前に出会ったBの顔が思い出せないほどの厚化粧であった。面接室でBと対面すると，多数のリストカットの跡があった。今回は，シンナーを多量に吸って酩酊状態になっているところを検挙された。シンナーを吸うようになったいきさつについてBは次のように語った。Bはまた新たな男性と交際していたが，その交際相手が自分以外の女性と親しげに話している姿をたまたま目にし，やけ酒をあおり，さらにシンナーを吸った。警察に検挙された時には，意識がもうろうとした状態であった。Bは，どこでどのようにシンナーを手に入れたのか，どのようにしてシンナーを吸うに至ったのか，まったく記憶がない，それだけ酒とシンナーで意識がもうろうとしていたと言う。

この件の数日前に交際相手との別れ話が出ており，交際相手の前でリストカットをした。その時の状況についてBは，「彼に気持ちを伝えたいのにうまく出せず，悩んでいた。彼はそうとは取らず，自分がBを苦しめているのなら別れた方が良いのではないかと考え，別れ話を出してきた。『別れよう』と切り出され，『なんか，もういいわ』と自棄的な気持ちになり，彼氏の前でリストカットをした。『そうすることで，止めてくれるかな……』と少し思った。彼はすごい怒ってくれて，初めて叩かれた」と述べた。
　Bの話を聞いた面接者は，交際相手との一件，さらに交際相手が別の女性といる姿を目撃したところがありありと目に浮かび，Bの語る世界に引き込まれるようであった。アルコールでは足らず，シンナーを吸ったBの気持ちが生き生きと伝わってくるように感じられた。それまでにBと面接を重ねていたが，この回初めて感情が伝わってくる感覚を得ることができた。
　Bは，交際相手に自分の気持ちを伝えたいのに伝えられないこと，本当は大切な人にこそ自分の気持ちを言いたいのに，本当の気持ちを伝えると嫌われるのではないかと不安になり言えないと述べた。「思うことが言えない自分に一番悩む」とBは語った。交際相手や家族など，自分にとって大切な人には，本当の自分の気持ちが伝わると関係が切られるようで怖い。そう思うと，言いたいことも言えないと自分の気持ちを吐露した。
　家の中ではリストカットが繰り返されていた。腕の傷跡は，まだ生々しいものであり，最近つけられた傷痕と思えた。保護者面接で，リストカットについて面接者が口にすると，母はBがリストカットしているのに気づいていたと述べた。Bと母親のつながりを感じさせる情報であったので，面接で取り上げることにした。ところが，母がそのことを話題にしようとすると父が押しとどめ，母が父の剣幕に押され，黙り込んでしまう場面があった。面接者には，母がBのリストカットを口にしようとしたことか

ら，Bの心理的危機をおずおずとではあるが，受けとめようとしているのではないかと感じた。そこで面接者は「自分はお母さん子」と言っていたBの言葉を思い出し，母に伝えてみた。すると母はBの小さいころを思い出し，Bは小さい時から，「自分の方を向いていて」という子どもであったことを述べた。このやりとりから母は，Bの求めに応じるだけの力のある人ではないかと考えた。

法的な手続きの中での面接であるので，保護者面接が行える時間は限られている。面接者の役割としては，これからさき継続的に少年の生き方を支える方向で，両親が考え出すきっかけを提示することになる。Bの事例では両親に，事件をきっかけにBとのかかわりについて考え直してほしいことを伝えておきたいと考え，リストカットのことを話題にした。

薬物に依存しているだけでなく，自傷行為を繰り返している少年であること，そのことに両親が関心を向けることが今後の立ち直りに必要であるとの意見を裁判官に伝えていた。それを受けて裁判官は審判において，両親を責めることのないように配慮しつつ，Bに「腕の傷はどうしたの？親御さんが心配するでしょう？」と声を掛けた。両親はうなだれて聴いていた。その様子から父も，Bのリストカットに気付きながら，受けとめかねて，見なかったことにするしかなかったのではないかと思った。

第3節　事例理解

Bの事例では，生育史において両親が不在がちであること，身近な環境や親しい人との別離が繰り返される傾向があることが見られた。それについて表（4-1）にまとめた。

表 4-1 生育史における両親の不在・身近な人や環境との別離とそれに対する B の反応

時期	対象 (家族)	対象 (家族外)	別離の態様	別離・不在に対する B の対応
幼少期	父親		父仕事で家を出る。	
同時期	母親		1日中働きに出る。	日中預けられた保育園で，男の子相手にけんか
小学校時代		学校・友人	転居・転校	転校を機に引きこもってしまった妹と対照的に，頑張って登校，明るくふるまう。
13歳ごろ	両親		両親が働きに出る。	あっさりと両親を見送る。 外泊→家出（家出先に友人を集める） 異性との交遊，異性を家に引き入れる。
15歳ごろ		彼氏	別れる。	一時止めていたシンナー乱用を再開する。
17歳		彼氏	別れ話が出ていた。目の前で彼氏が女性と会っている場面を目撃する。	飲酒したうえでシンナー乱用

1. 両親の不在・身近な人や環境との別離とそれに対する B の反応

　この表からわかるように，絶え間なく不在と別離が繰り返されている。B は不在や別離のときに，明るく，あるいはあっさりと事態に立ち向かっていることが目を引く。しかし両親不在時に，家出，薬物依存，異性への依存が始まっており，不安定な心境になっていたことを物語っている。この不一致が，B の理解には重要になる。

2. 1回目と2回目の事件係属時における面接結果の比較

　本事例では，シンナー乱用の事件が，3 カ月の期間をおいて 2 回係属したものである。B は，淡々とした語り口に特徴があった。薬物依存の事例は，「人」に対する依存の問題として捉えられる。B の過酷な生育史は，依存の問題をはらんでいることが十分に予想されたが，淡々とした語り口から，

大変さを感じ取ることができず，1回目の事件では，シンナー乱用の意味をしっかりと聴き取ることができなかった。しかし，立て続けにシンナー乱用が繰り返されていること，飲酒したうえでシンナー乱用に至っており，逮捕時酩酊していたことから，ここまで意識を鈍麻させる必要のある何かがあるのではないかと考え，2回目の係属では薬物乱用の意味をしっかりと聴き取りたいと考えて臨んだ。

シンナー乱用の意味について1回目は，家庭の代替ともいえる彼氏との別れがきっかけとなり，孤立感や怒りを掻き立てられ，乱用に至ったと理解した。2回目では，彼氏に本当の気持ちを伝えたいが，伝えると関係が切られるようで怖い。不安な気持ちを酩酊することで感じないようにしたと捉えた。1回目のシンナー乱用の意味は，書類から類推しても作り上げることができる内容である。2回目に聴き取ったシンナー乱用の意味は，Bに面接しなければ聞き取れない内容であった。Bの感情がこめられ，面接者にも気持ちが伝わってくるようであった。

Bの自傷行為は，1回目の係属時から見られ，根性焼き，入れ墨であった。2回目の係属時では，多数の，まだ新しいリストカット痕が見られた。家でリストカットが繰り返されていた。

シンナー乱用が人に対する依存であるなら，家庭でBをどのように抱えるのかは重要な課題となる。1回目の係属時では審判で保護者に，家庭が一番のよりどころになるので，Bを支えてやってほしいと伝えている。それに対して父が，Bと一緒に過ごす時間を増やしたいと述べている。2回目の係属時では，母親がBのリストカットに気付いていたことがわかったので，Bが自分のことを「お母さん子」と言っていたことを伝えた。母子の絆を強めたい意向があった。それに対して母が，Bは小さいころから「自分の方を向いて」という子どもであったと返した。審判では，リストカットのことを伝えられ，両親ともうなだれて聴いていた。1回目と2回目を比較すると，1回目は型どおりのことを両親に伝え，父親が型どおりに返

表4-2　1回目と2回目の事件係属時における面接結果の比較

	1回目	2回目
事件の概要	・シンナー乱用	・シンナー乱用（保護観察開始時，間がないときの再犯）
Bの印象	・あどけない顔立ち，時折きっと口を一文字にしてうなずく	・厚化粧，派手で目立つ格好（逮捕時の様子）
動機	・交際していた彼氏との別れ	・交際していた彼氏との間で別れ話が出ていた。
事件の理解	・幼い頃から家庭に安心感が持てなかった。家庭の代替としての彼氏との別れから，シンナーを乱用した。 ・大切な人とつながれない孤立感や怒りからのSOS	・交際相手に自分の気持ちを伝えたいのに伝えられない。交際していた彼氏に，本当の気持ちを言うと，関係が切られるようで怖い。 ・不安な気持ちを酩酊することで感じないようにする。
身体的特徴	・手の甲に根性焼き，腕には交際相手の名前が彫ってあった。	・多数のリストカットの跡（家の中でリストカットが繰り返されていた）
面接者の姿勢	・語られた内容の深刻さが気になりながら，Bの語り口から緊急性が感じられず，型どおりに済ませた。	・Bが重ねてシンナー乱用に至った気持ちを，汲み取りたい。
Bの面接時の対応	・淡々とした語り口	・感情が生き生き伝わる語り方 ・Bがシンナーを乱用せざるを得なかったいきさつが目に浮かぶようであった。
両親に伝えたこと	・家庭が一番のよりどころになるので，Bを支えてやってほしいと伝えた。（審判で）	・母に向けて，Bが自分はお母さん子であると述べていたことを伝えた。
両親の対応		・母は，Bは小さいころから「自分の方を向いて」という子どもであったと述べた。
審判での両親の様子	・父は，一緒にBと過ごす時間を増やしたいと述べた。	・リストカットのことを裁判官から伝えられ，うなだれて聴いていた。

している。それに対して2回目の係属では，Bが面接の中で述べた母を慕う気持ちを，母に伝えた。母は意向を汲み取り，Bが母の関心・愛情を求める子どもであったことを述べている。審判では，少年に対して「親御さんが心配するでしょう？」という形でリストカットをいさめながら，両親に配慮した注意の促し方になっている。1回目と2回目の裁判所と少年・

保護者のかかわり方をみると，2回目は具体的な事実に基づきながら，少年との交流を通した理解を目指しており，また面接・審判場面で少年と保護者の関係性を構築しようとする動きがある。

第4節　考　察

　疎外としてのネグレクトがある場合，青年期を乗り越えることがどのように困難となるか，B事例をとおして検討する。

1. 両親の情緒的不在と物理的不在が引き起こす家庭内疎外

　家庭内疎外とは，家庭内において関係が疎であることとしたが，本章で取り上げた事例では，親の物理的・情緒的不在によって，家庭内疎外が引き起こされていた。すなわち物理的不在とは，両親が家を出たことにより，養育に欠ける状況に置かれた点である。第二には，両親と生活を共にしていたが，Bの否定的な情動が受けとめられない点，すなわち情緒的不在である。

　まず第一点目の両親の物理的不在の状況について述べる。青年期の子どもの場合は乳幼児期と異なり，自分で生活を整えることは，ある程度までできるようになっている。Bの場合に問題となったのは，両親の長期不在のときの心細さや寂しさである。Bは両親が不在になるとすぐに，長期の家出をし，家出先で不特定多数の仲間と交流する日々を過ごした。また，交際相手を家の中に引き入れたりもした。両親の不在による心細さや寂しさを，仲間との交流や交際相手で紛らわそうとしているかのようである。それだけではなく，シンナー吸入も始まっている。確かに両親そろって何カ月もの間いなくなることは，中学生にとっても精神的に負担になるであろう。しかし，Bのように両親の不在とともに，すぐに生活全体が崩れて

しまうのは，Bの内面での支えの弱さからではないかと考える。両親が長期間不在であったとしても，親のイメージとしては心の中にあり，イメージを頼りに親から言われたことを守りながらなんとか生活を切り抜けることも不可能ではない。Bの場合のように，両親がいなくなるとともに，すぐに生活全体が崩れてしまうのは，それ以前にBの内面で支え続ける両親のイメージができていなかったからではないかと考える。物理的不在が情緒的不在に直結する点に，Bの自我の弱さがある。

　第二点目の情緒的不在について述べる。面接時Bの両親は，たとえばBがリストカットをしていたことなど，本来ならば両親が気づいて対応すべきことについて，知っているのかいないのかを，あいまいにしたままであった。またBの感じていたであろう恐怖や見捨てられ不安などについて，両親が口にすることはなかった。これらの両親の態度は，Bに関する心配事をベールで覆っておきたいかのようであった。両親は，Bの心理状態を読み取ろうとすれば，できるだけの感性は持ち合わせていたと思う。子どもの状態をキャッチすることができないのではなく，子どもの出すサインに注意を向けることを避ける，あるいは気づいていないことにして，子どもの抱える悩みを見ないようにしているようであった。Bの両親の場合には，経済的な困苦をはじめとする生活する上での困難な状況を抱えており，子どもに十分な関心を向けることができなかったのであろう。親が子どもの抱える悩みから目をそらすことでやり過ごそうとする姿勢は，結果として子どもの情動の受け皿となることに失敗する。この姿勢は，岡野の言うネグレクトに通じる対応であろうと考える。

2. 家庭内疎外が人格形成に及ぼす影響

　両親が出稼ぎに出るときに，Bは涙一つ見せることがなかった。Bは，寂しくなったり，落ち込むのが自然であると思われるところで，感情を見せることがなかった。周囲には強いBと映ったが，本当にBは強いので

あろうか？　Bは，親密な男性との関係が切れた時に，本格的にシンナー吸入を始めている。両親が出稼ぎに出るときに，シンナーに初めて手を出している。シンナーは青年期の前期から乱用され，漠然とした不安を回避することが動機になっていることがある。Bの場合には，両親や彼氏のように重要な他者に捨てられるのではないかとの不安を回避するためではなかったか。Bは不安な感情を自分自身で処理できていたのではなく，シンナーを乱用することで不安を回避しながら，表面上は動揺していないかのように振る舞っていたのではないかと考える。養育者がBのことを，しっかり者と捉えることで，否定的な情動を受けとめようとしないので，Bは不安や心もとない気持ちを意識から排除することで安定化を図ることしかできず，否定的な情動が自我に統合されないままになっていたのではないかと考える。福島（1981, pp51-53）の述べる過剰適応であり，自己の中に自己でない部分をつくる内的疎外である。Bはけっして強い性格なのではなく，弱みをみせることができなかったのであろうと考える。Bの事例のように，子どもが発するSOSのサインを読み取れず，否定的な情動を抱えきれない養育状況は，ネグレクト（岡野, 1995, p24）であり，青年期において，成長にひずみをもたらす。

　不安や心もとなさが疎外されていた点について，Adler（1985=1998, p27）の「抱えてくれる取り入れ物」（Holding Introject）の概念を参考にして考察する。否定的な情動は，人生最初期において，重要な他者に抱えらえることを通じて，自分で抱えられるようになる。Adler（1985=1998, p27）は，重要な他者に抱えられることで，自分自身で情動を抱えられるように変容した自己の構造を「抱えてくれる取り入れ物」（以下HIと略記する）と名付けた。Bの事例では両親が，Bの生育歴について感情を込めて語ることがほとんどなく，親の語りは淡々としていた。親の態度が不自然なまでに淡々としている場合には，親が何らかの課題を抱えており，容量いっぱいになっており，淡々とやり過ごすしかないと考えられる場合がある。課

題とは，人格上の問題を抱えている場合であったり，経済的な問題であったり，家庭内における葛藤であったりする。Bの両親の淡々とした態度の裏には，子どもに充分時間を割くことができない余裕のなさが感じられた。

　Bは，否定的な感情に適切な応答が得られないまま，あるいは否定的な情動がないかのように扱われる環境で，自分自身でも否定的な感情はないものとして，意識の外に追いやる扱いを，知らず知らずのうちに強化したものと考える。自分で不安を抱えることも，環境に抱えてもらうこともできなくなった状況においては，不安を排除することでしか危機場面を乗り越えることができず，HIが形成される機会はなかったものと考える。

　注目したいのはBの両親が，遺棄という明確な意思で子どもたちを置いて出たわけではない点である。生活に追われ，結果として養育に欠ける状況に至った点が特徴的である。非行事例によく見られる傾向であるが，意図的に養育を放棄すると言うよりは，親の側が抱える不安の多さゆえに，結果として養育に欠ける状況に陥るのである。結果としてのネグレクトは，子どもの人格形成にどのような影響を与えるであろうか。子どもは，器としての家庭が脆弱であることに気づくと，自分の不安や怒りを出すことによって，親が傷ついたり，家庭が崩壊するのではないかとの不安を抱く。器としての家庭に不安を感じると，自らの不安や怒りは収めざるを得ない。場合によっては，不安や怒りを意識することにすら抑制がかかる場合がある。良い子，心配のない子として親の前で振る舞わざるを得ず，不安や怒りは行き先を失ってしまう。

3. ネグレクトが移行期としての青年期に及ぼす影響

　青年期において，ネグレクトがさらに強化される過程が見られる。ネグレクトが強化される要因としては，次のような点が考えられる。

　親自身が，青年期に親から見捨てられたかのような未解決な課題を抱えていると，わが子が青年期に至った時に，自身の課題と重ね合わせて見

しまい，子どもの青年期の課題を受けとめきれなくなることがある。Bの両親はBの交際相手が家庭内に入り込むことに寛大であったが，このように子どもの友達や異性が出入りすることを歓迎する親の中に，子どもの寂しさ，満たされなさを自分たちでは十分に抱えきれないので，子どもの友達に抱えてもらうことを期待することがある。親は，自分自身の不安や心もとなさを，子どもに重ね合わせて見ている場合がある。自分の不安がこどもの不安に重ね合わさるようで，自分たちでは抱えきれず，子どもの友達など周囲の力を借りて，不安の解消を試みようとする。親は子どもの不安が，自分たちの不安とは別のところにあることに気がつけない。このように青年期におけるネグレクトは，子どもの不安を抱えそこなうこととして現れる。

次に青年期において，HIが不十分であると，どのような危機的状況に至るのか，子どもの側に視点を合わせて検討する。親が子どもの情動を受けとめる営みは，日々繰り返される。その結果，子どもは自己の情動を切り捨てることなく，受けとめることができるようになる。青年期においては，新たな親子関係の構築，内的な対象関係が再構築される時期であり，それにともない分離不安が喚起される。情動が揺り動かされる，危機的状況となる。したがってHIがしっかりと形成されていない場合には，不安が抱えきれなくなり，危機的な状況に陥る状態があると考える。

HIの形成が不十分である場合の分離不安への対処法としては，既述のように不安そのものを否認する方策がある。Model (1975) は，「不十分で発達を促進することができない養育者を持つと，養育者に頼って生活をしていることを否定するようになる」と述べる。Bも自分のよるべのない状況を否定して，一見すると一人で立つことができるしっかり者を演じていたのではないだろうか。しかしModel (1975) が述べるように，「自分で何でもできているかのように感じていることは錯覚であり，防衛であり，自立しているかのように見えるがそうではない」のであろう。

Bのように一見しっかり者の少年・少女に現れる，青年期の危機として，次の二つの問題の現れ方がある。一つ目は，抱えきれなくなった情動は，何らかの形で表出されるということである。Bの場合には自身に向けられた怒りの発露であった。二つ目は，親に代わる依存の対象を求め，さまよう動きである。

　一点目についてBは，抱えきれなくなった怒りを自身に向けざるを得なくなったが，その過程は次のようである。既にみてきたようにBは，家族が抱える課題のため，否定的情動を親に抱えてもらう機会が十分でなく，HIを形成する機会を失った。器としての家族の脆弱さゆえに，Bは親に情動を向けることを抑えざるを得なかった。そのような背景要因を持つBが，親密な人の前でリストカットを繰り返してきた。リストカットには，「こっちを向いてほしい」という注意を引く意図のほか，怒りの発露としての行動と読める側面がある。Bには，自分にとって重要で信頼できる他者に，自分を抱えてもらえないという，意識されない怒りがあったはずである。今まで負の感情を充分に受けとめてもらえなかった経験の積み重ねから，怒りを直接相手に向けて発することができなかった。行き先を閉ざされた怒りは，自分自身に向けざるを得なかったのであろうと考える。否定的な情動が重要な他者へ向けて発現される機会を失ったときに，自傷行為として表現される結果となったのではないかと考える。

　二点目の，依存の対象を求め，さまよう動きについて述べる。親に十分に否定的情動を受けとめてもらえない場合，親に代わる対象を求めてさまようことで，青年期の分離不安に対処しようとする場合がある。非行少年の中には，親の代替物として異性関係を求める傾向がある。家庭内での親密な関係を体験した後で，信頼関係を基礎に異性関係を構築することができれば，異性との関係においても信頼感を育むことが可能になるが，生育史において信頼関係を構築することができていない場合には，異性との関係においても，抱えられる安心感が得られない。そのような関係性では，

見捨てられ不安が高まり、相手を手放すまいとして、相手の言動に振り回され、些細なことでも関係を否定されたかのように受け取りがちになる。Bの異性へのしがみつきは、依存できる対象を求めながらも、信頼関係を構築することができないBのそれまでの生き方が繰り返された結果ではないかと考える。

　さらに、Bは依存している男性との関係が破たんすると、絶望的な状況に陥り、アルコールと薬物を使用した。一時的に意識状態を変容させることにより、現実との接触を回避しようとしたのであろう。しかしそれだけではなく、もうろうとした状態に逃げ込むことにより、自分の内面との接触をも断とうと試みたのではないか。薬物による酩酊状態は、いわば自らがつくり出した解離ともいえ、自分を分断することすなわち自己疎外によってしか、心の安定を保つことができなかったのではないかと考える。

4. 家庭裁判所における面接者の役割

　Bの薬物乱用は、否定的な情動が抱えきれず、意識から排除する手段として薬物の力に頼ったのではないかと理解でき、否定的な情動を、どのように抱えることができるようになるのかが、薬物乱用から離脱する際の課題になると考える。

　家庭裁判所において家庭裁判所調査官が継続的にかかわれる期間は限られている。援助を一義的な目的とする機関ではない。少年の立ち直りを考える点では、きわめて限られた条件ではあるが、面接者は次のような働きかけを行った。一点目は、Bの否定的情動について面接場面で気づき、汲み取る姿勢である。二点目は、家族がBの否定的情動に接近できるきっかけをつくることである。

　まず一点目についてである。面接者は、Bが大切な人の前で薬物を乱用している点に注目した。薬物の乱用について、心理的痛みを紛らわす行為としてのみ捉えるのではなく、同時に相手に抱えてもらいたい気持ちを現

していると捉え，抱えてもらいたい気持ちとはどのようなものであろうかと考えながら，面接を進めた。その後にBは，「思うことが言えない自分に一番悩む」と語り，語れない自分について語りながら，感情を吐露した。Bが大切な人に捨てられそうになり絶望的になった状況を，面接者が体験的に感じることができたときに，Bは不安や期待を言葉にして表すことができたのではないかと思う。このようなやりとりは，HIを築く一助になったのではないかと考える。

　二点目について述べる。両親のうち母親の方は，Bのリストカットについて気づいていたことが察知できたことから，親面接のときにリストカットを話題に出した。それをきっかけに母親は，Bが小さいころから自分の方を向いてほしい気持ちを，母親に向けていたことを語ることができた。その後審判で，裁判官がリストカットのことに触れ，Bに親御さんを心配させないようにと，言葉を掛けた。このような否定的情動を抱えることがうまくできないネグレクトの事例の場合には，親が他の問題で余裕を失っている場合が多い。そうであるなら，親を責めるような言葉のかけ方は，親を傷つけるだけである。リストカットが，親に向けたSOSのサインであり，気にかけてほしいアピールであると，関係性の視点で読みかえることで伝えることが，今後に向けた働きかけとして有効である。

引用文献

Adler, G.（1985）Borderline Psychopathology and Its Treatment. Jason Aranson Inc.（近藤三男・成田善弘訳（1998）境界例と自己対象―精神分析の内在化理論．金剛出版）
福島章（1981）機械じかけの葦．朝日出版．
Modell, A.H.（1975）A narcissistic defence against affects and the illusion of self-sufficiency. The International Journal of Psychoanalysis, 56, 275-282.
岡野憲一郎（1995）外傷性精神障害―心の傷の病理と治療．岩崎学術出版社．
Winnicott, D.W.（1965）The Family and Individual Development. Tavistock Publications Ltd.（牛島定信監訳（1984）子どもと家庭―その発達と病理．誠信書房）

第5章

自己疎外・家庭内疎外と社会的排除による非行化の過程

第1節　本章の目的

　非行が深刻化する事例では，自己疎外・家庭内疎外と社会的排除の双方がかかわっていると考えられる。そこで本章では，自己疎外・家庭内疎外と社会的排除が深刻化した例として，家庭裁判所で環境調整命令が発出された事例を取り上げ，非行化が始まり，深刻化する過程において，少年・家庭・コミュニティの関係がどのように変化したのか，自己疎外はどのように深刻化したのか，検討する。すなわち，①家庭内疎外の事例では，家庭においてどのような相互関係を体験し，社会に出た時にどのように対人関係に影響を及ぼすのか，②自己疎外・家庭内疎外と社会的排除は，どのように相互に影響を及ぼしながら深刻化するのかについて，複数事例により検討し，その結果から支援の可能性を探る。

　立ち直りは，社会において生活する権利が保障されるにとどまらず，自己疎外から回復する必要がある。従来，自己疎外は臨床心理学の視点から，社会的排除は社会福祉学・社会学の視点から論じられることが多かった。しかし，立ち直りにはどちらか一つの視点だけでは足らず，双方の視点が必要になる。自己疎外にも対応しうる環境の抱え機能として，「居場

所」という言葉を使用する。「居場所」があるとは，自分自身でいることが受け入れられていると感じられることとする。居場所機能のある環境とは，少年に「居場所」があると感じさせ得る環境をいう。

本章は，調査Ⅰと調査Ⅱから成り立っている。

調査Ⅰでは，環境調整命令事例において非行化がどのように進行するのか，個と環境の関係性から分析した。調査Ⅱでは，各ケースの養育状況の変遷を取り出し，分類し，少年と家庭の関係がどのように切れていくのか，修復はあり得るのか，検討した。調査Ⅰ，Ⅱの結果から，環境の居場所機能に着目した「出院アプローチ」を提案した。

第2節　調査Ⅰ
環境調整命令事例にみる
少年・家庭・コミュニティの関係

1. 調査方法
1）調査対象

家庭裁判月報50巻4号から60巻3号までの10年間に掲載された環境調整命令が発出された29事例を対象にした。表（5-1）に示す。

環境調整命令とは，少年法第24条第2項，少年審判規則第38条第2項及び少年審判規則39条により発出される。たとえば，少年院送致になったが，引受け先が決まっていなかったり，表面上決まっていたとしても引受けに不安がある場合などに発出される。すなわち環境調整命令とは，家庭裁判所が，処遇機関に向けて，少年の更生にとって望ましいと考える環境を整えるための方策を示した文書である。環境調整命令が発せられる事例には，親子間で自己疎外・家庭内疎外と問題行動の悪循環が繰り返されている事例，あるいは家庭環境に脆弱さがあり，専門機関の支援が必要で

表5-1 環境調整命令の出された事例一覧表(家庭裁判月報50巻5号から60巻3号までを引用)

ケース番号	巻・号・年	年齢	事件	勧告内容 / 養育状況の変遷	決定
1	50・5 平9	18歳	殺人未遂	・実父との間に適切な距離を置くことができるように少年・父母に助言 ・仮退院後に精神科の医療措置を受けることができるように調える。 両親離婚→母の家出→単身 1→(0)(母)型	医療少年院送致
2	50・6 平9	19歳	収容継続	・少年の性格・能力を考慮した適切な就職先の確保(軽度の知的発達) 単親家庭 1型(母)	6カ月の収容継続を認める
3	51・4 平10	14歳	ぐ犯	・母に母親としての役割を果たすよう促すこと ・義父には暴力的な接し方を改善するように 外国籍の母と義父 3型	少年院送致
4	51・8 平10	16歳	ぐ犯	・面会通信を通じて意思疎通を図る。少年へのかかわりについて実父と継母で話し合うこと ・出院後の帰住先就労先の確保 両親離婚→祖父母→実父継母→養護施設 3→0型	少年院送致
5	51・12 平11	16歳	戻し収容	・適切な帰住先及び就労先の確保(実親とは疎遠) 両親離婚→祖父母→実父継母→少年院 3→0型(事件時3型)	戻し収容を認める
6	52・11 平12	15歳	ぐ犯	・親族等の監護意欲の確認、少年の意向等を総合考慮し、帰住先を確定する、あるいは新たに確定する 母の家出→祖父→養護施設 1→0(父)型	医療少年院送致
7	53・1 平12	19歳	現住建造物等放火	・出院後の受け入れ準備 ・実父との円滑な意思疎通を図る(養育実績ない実父が受け入れ予定)。 両親離婚→母→父→養護施設 1→0(父)型	中等少年院
8	53・2 平12	17歳	ぐ犯	・少年院、受け入れ先の自立援助ホーム等と提携して、仮退院後の保護環境を調える(保護者不在)。 実父母所在不明 養護施設 0型	医療少年院送致(妊娠中)

9	53・9 平13	16歳	建造物侵入	・医療機関（精神障害）に入院できるよう働きかける。 ・家族カウンセリングを受けるなど家族関係の改善 ・入院治療が難しい場合，少年の病状の変化に対応できるように，少年・保護者との連絡を密にとる。	保護観察（精神分裂病か解離性障害の疑い）
				両親 2型	
10	53・11 平13	17歳	ぐ犯戻し収容	・父，継母に対し，少年院での面会，通信等を通じて少年に対する不信感を払しょくさせる。 ・少年の問題点について理解を深め，親子間の意思疎通を図るよう指導・援助すること ・関係機関と連携を取り，帰住先の確保 ・就学，就労に対する支援態勢を組む。	戻し収容を認める（てんかん発作）
				両親離婚，父→養護施設，教護院，養護施設 1→0（父）型	
11	54・1 平13	15歳	ぐ犯	・少年への関心を常に持ち，少年の問題行動の背景について理解が深められるよう指導する。 ・少年自身が精神的に安定して過ごせるように家庭の少年の受入れ態勢を整備調整 　（虐待→愛情飢餓→粗暴性）	初等少年院送致
				父から虐待，児童自立支援施設入所 2→0型	
12	54・3 平13	16歳	傷害致死	・保護者が被害者に謝罪を続けるよう保護司は定期的に面接指導 ・被害弁償について助言 ・少年に，保護者の謝罪の状況を伝え，罪の意識を涵養	中等少年院送致 被害者死亡，遺族の怒りが強い
				2型	
13	54・6 平13	15歳	恐喝	・少年の問題行動の要因を教示（愛情飢餓による逸脱行動） ・帰住先の確定（義父の拒否姿勢が強い） ・就学や就業の手当	初等少年院送致
				両親離婚，母→母再婚→祖父母→母義父 3型	

第5章　自己疎外・家庭内疎外と社会的排除による非行化の過程

14	55・1 平14	18歳	傷害	・就業場所と帰住先の確保（実母養父は監護意欲を失う，実母少年により負傷） ・監護姿勢の在り方について実母に助言する必要あり	中等少年院送致
				両親離婚→母再婚　母への暴行，家出 3型	
15	55・7 平14	18歳	窃盗	・両親は引受け拒否(少年の家庭内暴力) ・少年院での面会を通して親子関係の改善 ・仮退院後に親子でカウンセリングを受けるように親子間の調整	中等少年院送致
				家庭内暴力→家族が家を出る 2→（0）型	
16	55・12 平15	17歳	ぐ犯	・能力に欠ける実母に対して少年の引受けを自覚させる。面会を通じて。	中等少年院送致
				父入院，母読み書きできない→児童自立支援施設 2→0型	
17	56・4 平15	14歳	窃盗	・外国人である母と関係機関との関係作り	少年院送致
				父母離婚，母フィリピン人 1型（母）	
18	56・7 平15	19歳	窃盗	・父の引き取り意思を固める，だめな場合の帰住先の確保	医療少年院送致 (解離性障害)
				両親離婚→父再婚 3型	
19	56・11 平15	14歳	建造物等放火	・母及び祖母へ少年への対応を助言 ・保護者及び中学と，少年の進路や居住地について協議する。	少年院送致 (精神遅滞)
				父死亡→母，祖父母養育 1型（母）	
20	57・7 平16	14歳	傷害	・離婚した父母のいずれが引き取るのが適切か見定める。 ・引き取り予定の保護者と少年の交流を密にし，円滑な社会復帰を図る。	少年院送致
				両親離婚→父→祖父母→父 1型（父）	
21	57・10 平17	19歳	戻し収容申請	・実父及び実母の生活状況を調査して適切な帰住先を選定する。 ・帰住先を安定した環境にするための措置を講じる。例えば父母を指導援助して安定な帰住先にするなど。	少年院送致
				父所在不明→母→母同棲→単身 (0) 型	

22	57・11 平17	18歳	窃盗未遂	・実母が少年への関心を持続し，できるだけ交流を図るよう支援する。	少年院送致
				両親離婚→母→母再婚，離婚，内縁 3型	
23	58・5 平17	14歳	窃盗	・少年の帰住先を探す ・医療機関や児童相談所と連携して，出院後少年が関係機関の助言を得ることができるようにする。	少年院送致 母と万引き
				両親離婚→母，母の精神疾患，服役 1型	
24	58・7 平17	14歳	ぐ犯	・保護者が少年に常に関心を持ち続けるように指導する ・父母のいずれが引き取るのか見定める	医療少年院送致 （統合失調症の疑い）
				両親　少年から母へ暴力 2型	
25	58・7 平17	11歳	ぐ犯	・小学校卒業までには在宅指導に移行するように ・在宅の指導に向けた家庭環境を調えるよう調整すること	児童自立支援施設送致
				両親離婚→母 1型	
26	58・10 平18	15歳	ぐ犯	・保護者が療育機関に相談して，少年について理解を深めるように ・面会や通信を通じて親子の意思の疎通を行うように ・就労・進学先の調整 ・仮退院後に療育を受けることのできる場所の確保	少年院送致 （アスペルガー症候群の疑い）
				父自殺→母　弟に対する暴行 情緒障害児施設→自宅 1→0→1型	
27	58・10 平18	14歳	ぐ犯	・引受け拒否の母への働きかけ ・母が引受け拒否の姿勢を変えない場合には，帰住地と就労先の確保	少年院送致
				両親離婚→母→母再婚→施設 3→0型	
28	59.2 平17	16歳	窃盗	・接触のなかった母，育った児童養護施設と連絡を取り，帰住先を確保	少年院送致
				出生時から施設 0型	

| 29 | 60・3 平19 | 16歳 | 窃盗 | ・少年の家庭内暴力のため葛藤大。引受けの見込み薄い。
・元同僚を帰住先とすることの見通しを立てる。 | 少年院送致 |
| | | | | 両親離婚→母→母再婚　家庭内暴力3型 | |

注1) 事件名は，冒頭の事件名のみを記載している。
注2) 養育状況の変遷（0型，1型，2型……）は，調査Ⅱの結果である。

あるなどの事例がある。

　少年の立ち直りと環境の居場所機能を考えるにあたり，環境調整命令が発出された事例を取り上げたのは，第一には，環境調整命令事例が環境に重篤な課題を抱えたものが多く，環境の居場所機能を考える材料が得られると考えたからである。第二に，少年の立ち直りを支えるために，少年と環境の関係性の修復に何が必要と考えたのか，家庭裁判所の指針が示されていると考えたからである。

2) 分析方法

　上記対象事例の決定書及び処遇勧告書に記載された，少年及び家庭の特性，少年と親の関係性，少年・家庭とコミュニティとの関係性について触れてある箇所を抜き出し，オープンコーディングを行い，さらに焦点的コーディング(佐藤, 2008, pp100-101)を行った。コーディングのプロセスについて，非行臨床の専門家2名のチェックを受けた。焦点的コーディングを表(5-2)に記した。

　次に焦点的コーディングで得られたコードについて，親・家庭に関する記述をまとめたコード，少年に関する記述をまとめたコード，親・少年それぞれの記述の中で，施設・学校・コミュニティ・友達との関係性について触れてあるコードに分類し，それぞれ，①家庭，②少年，③コミュニティの三領域に分類した。

表 5-2 対象事例のコーディング結果

焦点的コーディング	オープン・コーディング	
親の不在	離婚	小2で父母が離婚
		幼少時期に父母が離婚
		小1時実父母離婚し,実父に引き取られる
		少年出生後に両親が離婚
		2歳ごろに実母と義父が同棲
	親の死亡	2歳の時に父が病死
		別れた父は,小学校時に死亡
	幼児期に親が所在不明となる	母は少年が1才半の時に家出
		幼少期に実父が所在不明
	養育者転々とする	父母離婚→父に引き取られる→父方祖父母→父→内縁の妻
		父母別居→母子家庭になる→祖父母に引き取られる
		両親→父方祖父母→実父と継母
		両親離婚→母→父→児童養護施設
		実母は二度の離婚をし,次々と男性を引き入れる
	祖父母が養育	父死亡後,父方祖父母に養育される
		父は少年の養育を父方祖父に任せる
		父方祖母に育てられた
		母方祖母が一時期世話をする
		同居の父方祖父母が少年の指導に善処した
		養護施設に入所中に祖父が他界
親の抱える負因	多問題家族	同胞の問題を抱える不安定な家庭環境
		会社倒産により多額の負債
		多問題家族
		毎日稼働の母と自閉症の無職の兄
		父の経営する会社が倒産する
	余裕のない家庭	保護者が共働きで放任
		父死亡後,母仕事に出る。→少年との接触少なくなる
		余裕のない家庭
		異父弟出生で少年を監護する余力なし
		余裕のない生活をしていたときに母は少年に自律を植え付けようとした
	親の病気・能力不足	実父は入院中,実母はほとんど読み書きできず
		実母が知的能力低く,育児困難

家庭内の葛藤・歪み	親の情緒不安定・精神病・犯罪傾向		母は適切な対人関係を構築できず。精神的に不安定な母
			母は少年とともに，たびたび万引きするなど，健全に育成する資力や能力ない
			母子ともに統合失調症で，長年にわたり内閉的で荒廃した生活
	葛藤の強い親子関係		実母らと喧嘩して家出
			学校に行かせようと殴った父に反抗
			親の情緒不安定・精神病・犯罪傾向
			養父・実母と少年の間には確執が残ったまま
			義父や実母は監護を強化したが，少年聞かず
	家庭内の葛藤・緊張		飲酒のうえで家族に対して暴力をふるう父
			葛藤の強い親子関係
			母と祖父母との間で確執
			少年は母と祖母の間で葛藤にさらされる
	ゆがんだ親子関係		少年と母は一緒にいると激しく傷つけ合い，引き離されると強くひき合う
			母と二人で過ごす週末がストレス
			家庭内の葛藤・緊張
	兄弟間葛藤		在院中，異父弟中心に家族の枠組みの変容が進むであろう
			異父弟の出生による家族の枠組みの変容
			妊娠した実母に「赤ん坊を殺す」
	少年の家庭内暴力（後述）		
養育態度の問題	虐待		父に虐待され愛情飢餓や対人不信感強くなる
			ゆがんだ親子関係
			虐待により情緒の発育が大幅に阻害される
			幼少期に父，祖父から激しい暴力を受けた
			義父は体罰で注意する
			飲酒した実父から暴力を受ける
			虐待
			犯罪性の高い実父による虐待
			少年は父が嫌い，怖い，ものが言えない
			祖母は少年の世話をしたことがあるが，少年は祖母の暴力・暴言を恨む
			実父からの継続的な暴力と母のいないこと→規範意識の低さ→家出→非行
	親の無関心		母は少年の養育にほとんど関心を示さない
			監護の意欲を見せない
			父及び継母は養育に消極的
			引受け予定の父は少年に無関心かつ放任

		放任	少年は問題のない子として比較的放任
			子の監護に専念できるよう生活保護が認められたが放任的な養育に変化なし
		躾不足	両親は少年に対して基本的な生活習慣を身に付けさせず
			監護する母の躾や指導が不十分
			怠学について家庭の指導なし
			母の監護力が不足
			母子関係希薄，躾不足で判断力に欠ける，主体性・自律性乏しい
		不適切な育て方	実父の干渉により治療が妨げられる
			母は少年の問題行動に感情的に対応し，少年の問題行動を引き起こす
		親の無理解	注意引き行動する少年に父や義母は頭ごなしの叱責
			母は少年の置かれている状況が理解できない
			未熟な少年には時期尚早の姿勢
希薄な親子関係	希薄な親子関係		監護する母との関係が希薄
養育を拒否・自信を失う	育てる自信を失う・自信がない		養父は監護意欲をまったく失う
			母は少年を引き取る自信がない
			実母・義父は少年の問題で疲弊
			父は，少年の接し方わからない
			母は少年を引き取ると述べたが確信はない様子
			審判に出席した父は監護実績なく自信が持てない
			引き取り予定の父は鑑別所に面会に行けず
	養育拒否・引き取りを恐れる		義父は少年の引き取りを拒否
			単独親権者である父が養育拒否
			親権者である父は接触することすら拒絶
			生活費や食料を渡す物質面でのかかわりに止まる
			少年と父母実弟は別居
			虐待歴のある父は審判では引受け拒否
			父母のいずれも引受け意思示さず，退院後の社会内処遇困難
			義父は少年が何をするかわからないと怖れる
			親は，危害を加えると喚く少年におびえる
			少年は受容的に接してもらえれば素直
否定的自己像	否定的自己像		周囲からの評価を否定的に受けとめやすい
			自分は他人から受け入れられるだけの存在価値がないと思う

性格の未熟さ	感情統制のまずさ	粗暴性が強く，感情統制に乏しい
		感情統制が悪い
		不安や怒りの感情を統制するすべについて年齢相応の発達を遂げず
		不満を適切な形で発散できない
		被害者に馬鹿にされたと思い怒りにかられる
		相手の気持ちや周りの状況に合わせて自分を統制することが苦手
		批判されたり規制されると不機嫌になる
	粗暴性	言葉にできない感情を行動で表現
		少年の問題は家庭環境に根差した粗暴的性格から来るもの
	未熟性・自己中心性	未成熟で脆弱な自我
		母子関係希薄，躾不足で精神的に未熟
		未熟性・自己中心性
		自分本位な考えで行動
		自己中心的で他罰的
		虚勢を張ったり，強引で身勝手な自己主張する
		周囲の者に対する威圧的態度
	社会性が身についていない	基本的生活習慣が身についていない
		社会規範や常識の取り入れが遅れている
社会不適応感	対人関係がうまく築けない	対人交流が苦手で職場などの社会生活場面にうまく適応できない
		内向的で対人関係構築が不得手
		対人関係がうまく築けない
		他者との信頼関係を築くことできず被害的
		対人関係で摩擦を生じやすい
		根強い対人不信
		余儀なく施設生活をする中で安定した対人関係を築くことができなくなる
		他者への共感性乏しい
		内閉的・非社会的生活
	社会への不適応感	不適応感抱きがちで周囲に解決を期待する
		社会への不適合を次第に強める
少年の抱える負因	少年の病的傾向・障害	少年は統合失調症の疑い
		施設では痙攣発作，意識消失発作
		意図的に倒れる
		思いこみが激しい
		多動傾向や放浪癖がある
		解離性障害で人格の統合低い
		軽度の精神遅滞→学力は小学校低学年
		劣位期の知能

	医療のケアーを受けていた	自らカウンセリングを希望
		少年，カウンセリングを受けて落ち着いたこともある
		高校を中退し，入院治療を受け入れる
	自殺企図・自傷行為	自宅で首をつろうとした
		交際相手との関係に悩んで自殺未遂
		煙草の火で自傷痕
		かわいがられない自分が嫌だと自傷行為
	小さい時からの問題傾向	小学生の頃から窃盗等の問題行動を繰り返す
		小学高学年でテレクラ遊びが始まる
外国籍	外国籍であること	クラスメイトから外国人として無視される
		日本人の父とフィリピン人の母
		外国人の父と日本人の母
		外国人の母は日本語の理解が不十分で意思疎通に難あり
		少年は日本に永住して生活することを望む
愛情欲求が満たされない	愛情欲求不満	少年の愛情欲求不満が度重なる問題行動を惹起
		母との接触不足に対する不満
		実母に対して恨みと同時に愛情飢餓感
		幼少時より母にかまってもらえず，家庭に不充足感問う
		愛情不満→問題行動→保護者の叱責→葛藤
		愛情欲求及び対人不信感強い
		愛情欲求不満により問題行動→母は体罰で抑える
		周囲に対応してもらえないと孤立感を抱き，不満をためる
	見捨てられ不安	感情のよりどころを失うことへの危機感が強い
		少年は見捨てられ不安が強い
家庭に居場所がない	家庭に居場所がない	家族からの疎外感・孤立感
		家庭に居場所がない
		保護者と離れて居所を転々
		家庭で情緒的な安心感が得られない
		親権者である父が新しい家庭を築く
		実母が交際相手の男性と同居を始めると少年出奔
		少年にとって家庭が居場所とならない
		出院後少年が家族から暖かく迎えられるかが不安
		少年にとって家庭は落ち着いて生活できる場ではない
		少年は父にも内縁の妻にも馴染めず
		義母や義兄からも叱責を受けており，家庭に定着できない
		家庭に落ち着けない→不良交友に傾倒

少年の家庭内暴力	少年の家庭内暴力	父母や実弟に対する家庭内暴力
		家庭内暴力及び家出を主な内容とするぐ犯
		保護者の制止に従わず，家庭内暴力を繰り返した
		実母に暴行を加えた傷害事件
		実父に対する不満や憎悪による殺人事件
		母と養父は家庭内暴力と非行に疲弊し，自信失う
		少年から母への深刻な暴力があるので両親に適切な監護が期待できない
		少年の暴力により父が大けが
		父母は少年の暴力におびえる
		両親は少年の暴力を恐れ，自分たちの住所を教えず
		家出から戻ると家庭内暴力と金員の持ち出し
少年の非行・問題行動が家庭にダメージを与える	少年の非行・問題行動が家庭にダメージを与える	母は少年の非行のため，精神的に落ち込み，うつ病で入院
		少年との問題を巡って家庭は破壊される
		少年の監護を巡って夫婦関係も危機に
		自宅の金員の持ち出しあり→少年と継母の関係悪化
		兄は少年の生活態度を許すことができず少年に暴力
自活の失敗	自活の失敗	仮退院後少年が自活できる可能性は低い
		対人不信から仕事が続かない
施設育ち	施設育ち	小6で児童養護施設に入所
		養護施設→教護院→養護施設→児童自立支援施設
		生後間もなく乳児院→児童養護施設
		肉親との接触がないまま養護施設――→自立援助ホーム
		少年は幼少時から施設に預けられた
		児童自立支援施設の入所歴あり
		児童相談所の一時保護を繰り返し受ける
		肉親から充分な養護を受けず，施設での生活
	施設育ちの負の体験	施設育ちでさみしがりや
		施設生活が長く，不安や孤独感強い
		養護施設に預けられ情緒的一体感を味わう体験しない
		施設生活長く素直に自分の気持ちを出せない

	養護・児童自立支援施設でのトラブル	施設内で他の入所生との関係でいらだち物を壊す
		養護施設内で問題行動を繰り返し，ぐ犯立件
		児童自立支援施設でのトラブルや暴行
		高校進学後施設職員に反抗し無断外泊，家出
		児童自立支援施設での生活に馴染めず逃亡や自傷行為
		児童自立支援施設も少年のエスカレートする問題行動に対応できず
コミュニティとの関係	コミュニティからの支援難しい	地域から孤立
		在籍小学校が受け入れ拒否
		少年の問題行動で他児の保護者が怖がる
		養父と実母は少年のことでこれ以上周囲に迷惑をかけたくないと思う
学校不適応	学校でのトラブル	授業妨害があいつぐ
		中学入学後，他生徒に暴力，因縁
		同級生や教職員への暴力やいやがらせ
		中学校にも他人の視線やちょっとした言動を気にして腹を立てる
		クラス中の女生徒が自分を避けていると思い，学校に行けず
	学校生活からの脱落	中学2年から不登校
		中学3年になると怠学顕著
		母の精神的疾患による入院のための不登校
		小学高学年で授業についていけなくなると逸脱行為
交友関係が拠りどころ	交友関係が拠りどころ	素行が不良な仲間との交友
		女友だちに拠りどころを求める
		友人との交友関係が心のよりどころ
		仮退院後すぐに不良交友
		児童自立支援施設から無断外泊中に暴走族や暴力団員と交遊
		孤独感や疎外感を癒すため不良交友を拡大
	不純異性交遊	家出中の不純異性交遊から覚せい剤使用
		不純異性交遊→妊娠
		不純異性交遊から非行へ
		家庭に女子を連れ込んで性行為
親と学校・関係機関との関係	保護者が関係機関・学校との関係を拒否	関係機関の働きかけに応じず
		保護者が関係機関・学校との関係を拒否
	親は学校・関係機関に相談	母は，少年の問題行動で各関係機関に相談
		少年が乱暴であると母は児童相談所に相談
		内縁の妻が保護司と相談

①家庭に関するコード

　親の抱える問題，親子・家族の関係性の問題の二つのカテゴリーに分類した。親の抱える問題には，「親の不在」，「親の抱える負因」が含まれる。親子・家族の関係性の問題には，「家庭内の葛藤・歪み」，「養育態度の問題」，「希薄な親子関係」，「養育を拒否・自信を失う」が入る。

②少年に関するコード

　少年の抱える問題には，「少年の抱える負因」，「否定的自己像」，「性格の未熟」，「外国籍」が含まれる。親・家庭との関係性の問題には，「愛情欲求が満たされない」，「家庭に居場所がない」，「少年の家庭内暴力」，「少年の非行・問題行動が家族にダメージを与える」が入る。社会との関係性には，「社会不適応感」が入る。

③コミュニティに関するコード

　「施設育ち」，「コミュニティとの関係」，「学校不適応」，「交友関係が拠りどころ」，「親と学校・関係機関との関係」が入る。それぞれ少年・家庭との関係においてつながる関係は実線で，切れた関係は点線で表した。

④少年と家庭の間の，葛藤的な循環と切れる循環

　家庭・少年の領域の双方に注目し，双方の関係性について触れてあるコードについて拾いだし，関係性の質に注目する。

　関係性について述べたコードは，家庭の領域では，「家庭内の葛藤・歪み」，「養育態度の問題」，「希薄な親子関係」，「養育を拒否・自信を失う」，少年の領域では，「愛情欲求が満たされない」，「家庭に居場所がない」，「少年の家庭内暴力」，「少年の非行・問題行動が家族にダメージを与える」である。

　これらの関係性の質に注目すると，葛藤的な循環と切れる循環とがあることがわかる。葛藤的な循環には，「家庭内の葛藤・歪み」，「養育態度の問題」の一部，「少年の家庭内暴力」，「少年の非行・問題行動が家族にダメージを与える」が入る。すなわち，葛藤の強い親子関係についてデータから

みると、ゆがんだ親子関係、兄弟間葛藤、虐待、家庭内暴力などである。

切れる循環には、「希薄な親子関係」、「養育を拒否・自信を失う」、「養育態度の問題」の一部が入る。すなわち切れる循環についてデータからみると、家族との情緒的かかわりが乏しい、育てる自信を失う、親の無関心などである。

以上を整理すると、表（5-3）のようになる。

少年の領域の、「愛情欲求が満たされない」、「家庭に居場所がない」は、直接的に関係性を示すコードではなく、切れる循環や葛藤の循環によって引き起こされる少年の心の状態であると考え、図（5-1）では循環の下に配置した。

葛藤の循環の中で、少年の非行や問題行動が親の受忍限度を超えると、「養育を拒否・自信を失う」ことになり、切れる循環に移行するおそれがあると考え、葛藤の循環から切れる循環に向けて、矢印を付けた（図5-1）。

2. 調査結果

表（5-3）をもとに、少年・家庭・コミュニティの関係性を図式化したのが図（5-1）である。

■少年

少年の個別的な特性としては、性格の未熟さ、外国籍、否定的自己像、少年の抱える負因がある。少年の抱える負因には、たとえば発達障害、精神疾患がある。このような負因が直接的に非行やトラブルに関与しているとの記述があるが、他方では発達障害や精神疾患についての親の無理解が不適切な養育を生み出し、非行化を促進しているとの記述もある。

■家庭

家庭の抱える負因は、親や家族に固有の負因と、関係性の負因の二つに分けることができる。

表5-3 少年・家庭・コミュニティのコードの分類と各コードの関係性

家庭	親の抱える問題	親の不在	
		親の抱える負因	
	親子・家族の関係性の問題	家庭内の葛藤・歪み	葛藤の循環
		養育態度の問題	葛藤・切れる
		希薄な親子関係	切れる循環
		養育を拒否・自信を失う	切れる循環
少年	少年の抱える問題	少年の抱える負因	
		否定的自己像	
		性格の未熟さ	
		外国籍	
	少年と親・家庭との関係性の問題	愛情欲求が満たされない	
		家庭に居場所がない	
		少年の家庭内暴力	葛藤の循環
		少年の非行・問題行動が家族にダメージを与える	葛藤の循環
	社会との関係性	社会不適応感	
コミュニティ		施設育ち	
		コミュニティとの関係	
		学校不適応	
		交友関係が拠りどころ	
		親と学校・関係機関との関係	

まず親や家族に固有の負因について述べる。「親の抱える負因」には，親の病気・能力不足，親の情緒的不安定，犯罪傾向などがある。「養育者の不在」には，離婚・死亡・所在不明のほか，養育者転々も含めた。

親子の関係性の負因を，次の2種類に分類した。

・「切れる循環」

「切れる循環」は，希薄な親子関係が，少年の非行・問題行動により，一層切れる方向に進む循環を示している。切れる循環について，2例を挙げて説明する。

養育態度に問題がある場合，つまり親の無関心・放任などのネグレクト事例では，少年の側に，「愛情欲求が満たされない」不満や不安を生じさせ，「家庭に居場所がない」と感じさせ，非行・問題行動として表現される。具体的な事例では，「愛情欲求不満により少年は問題行動を起こし，母は

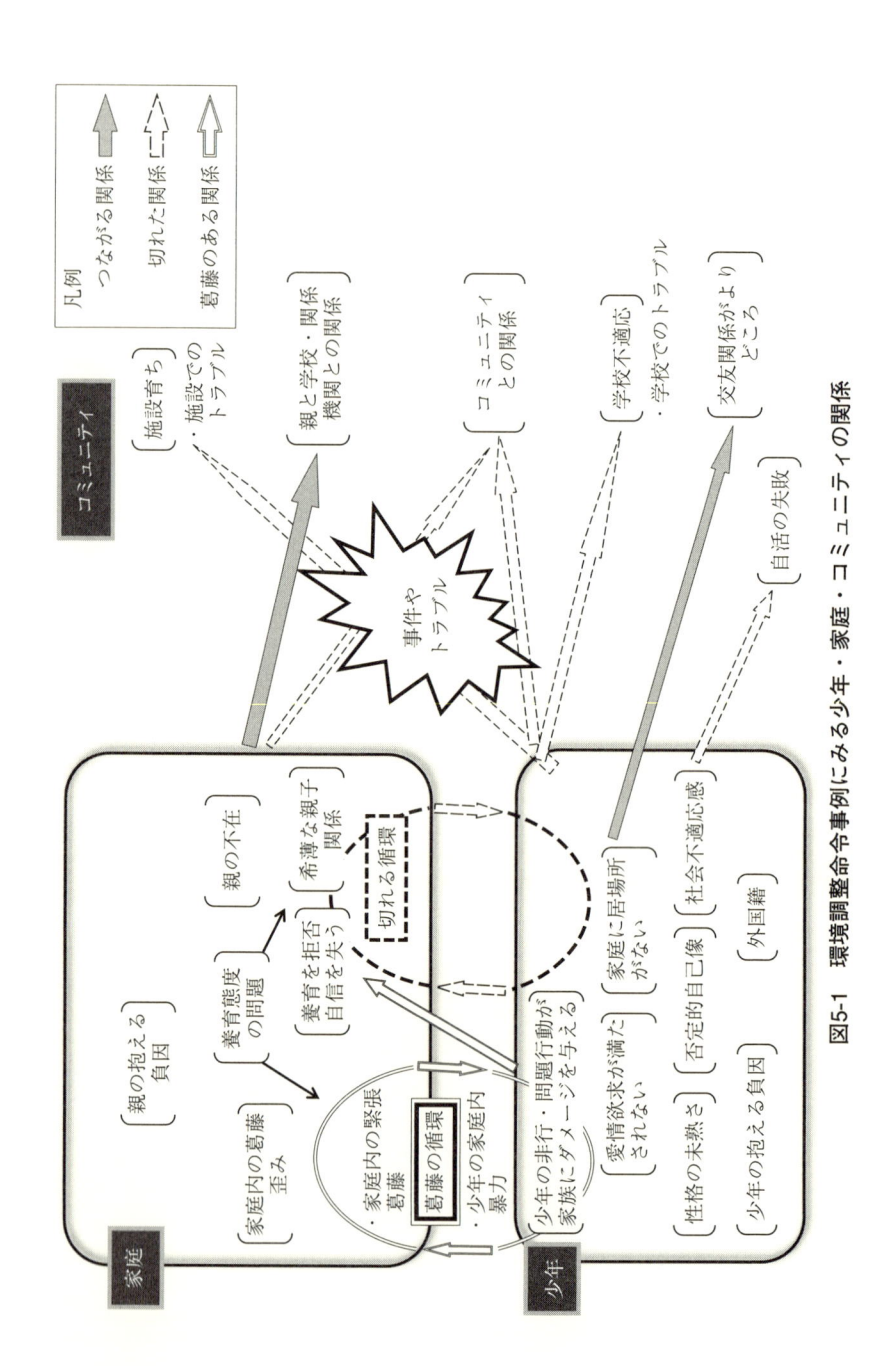

第Ⅱ部 自己疎外・家庭内疎外と社会的排除の連鎖による非行化過程の理解

図5-1 環境調整命令事例にみる少年・家庭・コミュニティの関係

― 120 ―

体罰で抑えようとする」との記載がある。問題行動を起こされると、親は、養育態度に問題があったのではないかと自信を喪失したり、自分の手に負えないと、養育を拒否する姿勢を強め、親子の関係は切れる方向へと進む。

次に希薄な親子関係が出発点となり、切れる方向へと進む例を示す。たとえば、夫婦の別離により、養育者が片親になるが、養育しきれず祖父母に任せ、さらに祖父母も対応できず施設に預けられる場合には、少年に「愛情欲求が満たされない」状態を生み出しやすい。対する親は、少年に久しぶりに向き合うことにより、養育の自信がなく、引受けに消極的になる場合がある。親が消極的姿勢を見せると、少年はさらに愛情欲求が満たされず、問題行動により訴えようとする。すると、一層親が自信を失うというように、切れる循環となる。

・「葛藤の循環」

「葛藤の循環」は、父母間、母と祖父母間、兄弟間などに葛藤がある場合、少年の家庭内暴力がある場合である。少年の家庭内暴力の一因として、再婚による新たな家族の出現を背景としている事例がある。義父（母）、異父（母）きょうだいの出現である。

葛藤の循環では、親子間の関係性が残っている点で、切れる循環に比べるとましであるといえるかもしれない。しかし、緊張感が限度を超すと、たとえば少年の家庭内暴力が親の耐えられる限度を超えると、養育拒否に転じる危険性がある。葛藤の循環は、葛藤が限度を越すと、切れる循環に移行する危険性を帯びていると考える。

また、いずれの循環においても、少年の非行・問題行動が生起すると、養育者に自信のなさや養育拒否を引き起こし、関係性が切れる方向に加速されるおそれのある点に注目したい。

■コミュニティ

ここで取り上げるコミュニティには、学校、施設、専門機関、交友関係

が含まれる。

・少年とコミュニティとの関係性

　少年とコミュニティとの関係は次のようである。

　少年にかかわるコミュニティとは，児童養護施設，児童自立支援施設など生活の場である施設，保護司や病院などの専門機関，学校，交友関係などを指す。少年からの矢印は，交友関係を除いていずれも切れた関係となっている。少年の起こす非行・問題行動により，関係性が切られることを意味する。

　少年が問題行動を起こす，少年側の要因として考えられるものには，「否定的自己像」，「社会不適応感」がある。これらは，親子間の切れる循環により生み出された，「家庭に居場所のない」感覚や「愛情欲求が満たされない」感覚が，社会との関係性へと転じたものではないかと考える（具体例：余儀なく施設生活を送る中で安定した対人関係を築けなくなる，愛情飢餓感や受容欲求をいだいている。そのため他者との信頼関係を築くことができず……）。言い換えれば，家庭内での居場所機能不全の問題が，少年とコミュニティとの関係性に波及したものと考える。

・保護者とコミュニティとの関係性

　保護者と関係あるコミュニティとは，学校，専門機関，地域コミュニティであった。それらのコミュニティとの関係についてみると，切れた関係になっているものが見られたが，学校や専門機関に相談に行っている事例（少年の問題で保護者は専門機関に相談，任意入院の準備を整える）もあり，一部コミュニティとのつながりが見える。

第3節　調査Ⅱ
環境調整命令事例にみる養育状況の変遷

　調査Ⅰにおいて，非行が進行するにつれ，少年と家庭が切れる循環に入っていく過程が見えたので，調査Ⅱでは，各事例の養育状況を取り出し，両親が養育しているのか，単親家庭なのか，施設での養育か，一人暮らしかに分類し，出生からの養育状況の変化を追ったうえで，少年と家庭の関係がどのように切れていくのか，修復はあり得るのか，検討した。

1. 調査方法
1）調査対象
　調査Ⅰに使用した29事例を使用した。
2）分析方法
　上記29事例の決定文，処遇勧告書に記載された文面から読み取れた養育環境の変遷を，表（5-4）にまとめ，変遷のプロセスの型を図（5-2）に表した。
　0型は施設での養育，(0)型は，少年が単身で暮らしている場合，1型は単親による養育，2型は両親による養育，3型は親が再婚の場合とした。いずれも本件事件時の養育状況で何型か判断し，右端に記載している。養育状況の変遷がわかるように，→で移動状況を付記した。たとえば，母が一人で養育していたが，一人では養育できず，児童養護施設に預けた場合には，1→0型とした。なお，ここで施設と分類したものには，児童養護施設，児童自立支援施設のほか少年院も含む。

2. 調査結果
　図（5-2）に結果をまとめた。まず，家庭内養育からはずれて社会的養護に移行したり，単身での生活に移行した経過について検討する。本書で

表 5-4　事例別養育状況の変遷

ケース番号	事件時の養育状況	事件時の養育者	養育状況の変遷
4	O型	養護施設	幼い頃に両親離婚，施設育ち．祖父母→実父継母→施設　問題行動で継母が引受ける自信ない，父はどうかかわって良いかわからない　養護施設でも問題，引受け拒否
6	O型	養護施設	幼少時，両親離婚　母家出　父方祖父母が養育　祖母が養育放棄　養護施設　祖父死亡→責任を持って面倒を見ようとする者がいない　援助交際，薬物乱用　父は養育に自信がない，母は審判に出て来ない
8	O型	養護施設	実母が能力低く，養育できず　施設育ち（乳児院から）　その後実母所在不明　無断外泊　少年も知的能力低い
10	O型	養護施設	幼少時両親離婚　父が養育放棄　施設育ち　多動傾向，問題行動　父は再婚，少年を引受けるつもりなし　→両親に期待できない　更生保護会も引受け拒否
28	O型	養護施設	出生直後から施設　（父しれず，母が育児放棄）
11	O型	児童自立支援施設	父からの虐待　児童自立支援施設で生活　施設内での問題行動　→不適切な親子関係　父からの度重なる暴力を問題視
16	O型	児童自立支援施設	実父は入院中　実母は知的に低い，養育力ない　児童自立支援施設入所歴　施設でのトラブル　少年の知的能力低い，衝動性→家庭環境には全く期待できない，しかし更生保護施設での生活もできない
7	O型	養護施設	幼少時に両親離婚　父，母とも養育放棄　1歳から施設で育つ　対人不信感強い　兄が更生に協力すると述べる　実父も協力を言う→父の監護意欲不明，兄にどのような期待できるか不明
27	O型	児童自立支援施設	幼少期から施設育ち　小2〜小5，中2〜家庭　実母と義父から虐待　実母は少年の引受け拒否
1	(O)型	単身	父の暴力，父母離婚，離婚後も暴力，父の服役，母の精神異常，少年の精神異常，家庭内暴力　事件は父への殺人未遂→家庭に期待できない
21	(O)型	単身	幼少期に実父所在不明　実母内縁関係があり少年出奔　実父は元暴力団　実父・祖父からの暴力　養育者転々
15	(O)型	単身	少年の家庭内暴力　父性の低い父　弟が広汎性発達障害　少年偏りのある性格　引受け拒否

2	1型	母	母と異父兄と同居，異父兄が自閉症，少年の精神発達遅滞
19	1型	実母	2歳時父死亡　母方祖父母育てる　実母仕事で忙しい　少年は軽度の精神遅滞　祖父死亡（少年以外の問題を背負い込む）　実母引きとりの自信ない
17	1型	実母	父母離婚　外国人の母は地域で孤立　母は放任
20	1型	実父	小1父母離婚　父からの暴力　父方祖父母が面倒　実母が養育申し出る（別世帯）　父も反省
23	1型	実母	幼少時に父母離婚　実母精神疾患　祖母→実母に養育　養護に欠け一時保護　児童自立支援施設　施設に馴染めず無断外出　抑うつ感と希死願望により医療保護入院　実母との密着と激しいけんか　実母と祖母との葛藤　祖母の暴力・暴言　実母受刑の見込み
26	1型	実母	父が幼少時自殺　情緒障害児短期治療施設入所歴　施設内での問題行動　アスペルガー障害の疑い　不安定な実母　母専門機関へ
25	2型（→1型）	実父母（→母）	外国人父と日本人母　父母離婚　父母間葛藤　母の情緒不安定　母と祖父母葛藤　母の孤立　母方叔父の監護の申し出　小学校が受け入れ拒否（暴力行為）
9	2型	実父母	少年の家庭内暴力　父母間の葛藤　少年統合失調症の疑い→任意入院の予定
12	2型	実父母	実父の経営する会社の倒産（非行以外の他の問題）　被害者への対応に戸惑い
24	2型	実父母	父からの暴力，不安定な母　家庭内暴力　統合失調症の疑い
3	3型	母，義父	外国人であることをからかわれる，家では異父妹の面倒をみさせられる。母は子どもを放置して深夜まで仕事
5	3型	父，義母	2歳時，両親離婚　父に養育された期間ほとんどない（祖父母任せ），実母不明（記載なし）　義母任せ　どうかかわれば良いかわからない，放置→家庭に居場所なく，不良仲間を頼る　実父に引き取り意思と能力なし（義母は積極的に関係機関とつながる）
13	3型	義父実母	2歳児に両親離婚　母方祖父母養育　実母引きとる　義父はどのように指導したものかとまどう　異父弟の出生　義父の引き取り拒否
14	3型	養父実母	少年の家庭内暴力　義父が引受け拒否　両親間葛藤　異父妹出生　伯父が引き取りを申し出る　帰住先が定まらない
18	3型	実父義母	幼少時に父母離婚　実母との生き別れが傷　実父義母は問題を起こす少年に無関心　少年は解離性人格障害

| 22 | 3型 | 実母義父 | 幼少時離婚　実母離婚再婚　義父が次々と。親子関係が葛藤的　実母体罰 |
| 29 | 3型 | 実母養父 | 小学校時両親離婚　母引き取る　実母義父　家庭内暴力　実母うつ病で入院　養父○○疾患症候群　兄との葛藤，兄の暴力 |

注）ケース番号は，表5-1に対応する。

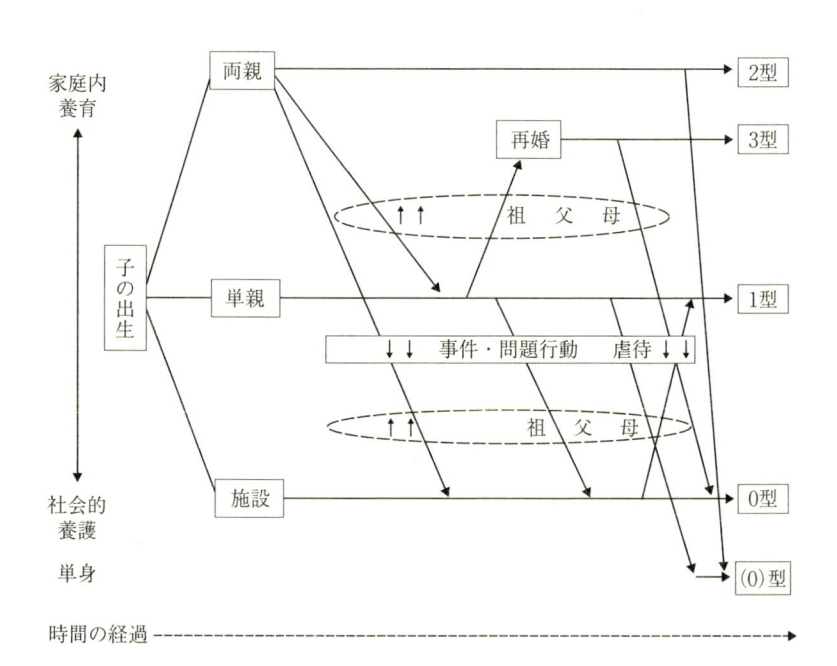

図5-2　養育状況の変遷

は社会的養護とは，里親や施設における養護の提供とする。

　2型から0型への移行は，虐待を受けて児童養護施設に入所した事例，父が長期入院，母が知的障害で家庭に監護力なく，少年が問題行動を起こしたことで児童自立支援施設に入所した事例の2ケースあった。2型から0型への移行2事例には，虐待やネグレクトが関与している。

2型から（0）型への移行は，少年の家庭内暴力で両親が逃げ出した事例である。

3型から0型への移行事例は，少年の問題行動で継母との関係が悪化し児童養護施設に入所した事例，実母・義父から虐待を受け施設入退所を繰り返していた事例の2ケースである。

1型から0型への移行は，父に養育の実績も自信もなく児童養護施設に預けた事例，乳児期に父が児童養護施設に預けた事例，障害を持つ少年の養育に父が拒否的になり児童養護施設に預けた事例の3ケースがある。3ケースとも，父親の養育への自信のなさからの児童養護施設入所である。

1型から（0）型への移行は，少年から家庭内暴力を受けた母が逃げ出した事例である。

0型へ移行した事例のうち，1例が家庭内養育に戻ったが，他は施設内での養育を続けている。家庭内に戻った事例では，母親が熱心に専門機関に相談に通った経緯がある。母親の意欲に加えて，コミュニティとの関連性が保たれていることが再度の家庭での引受けを可能にしたのではないかと考える。しかし，残りの事例に見られるように，社会的養護が進行すると，家庭に戻る可能性がなくなることが処遇勧告事例の特徴ではないかと考える。

家庭内養育から社会的養護に推し進める少年側の要因には，少年から親への暴力・事件があり，両親側の要因としては，虐待・ネグレクトがある。ネグレクトの背景には，義理の親の場合の子育てへの戸惑いのほか，養育する自信のなさがある。養育する自信のなさは，実親・養親に共通している。

社会的養護や単親での養育に進まないようにセーフティーネットの役割を果たしているのは，祖父母による養育である。しかし，祖父母の死亡により施設入所になった事例もあった。

第4節 考　察

1. 非行化のプロセスに関して，抱える場の衰退と居場所のなさからの検討——自己疎外・家庭内疎外と社会的排除の悪循環

　環境調整命令事例をみると，家族との関係がどうであったのかによって，後の社会に出た時の人間関係が影響を受けることが見えてくる。居場所があったのか，切れる循環にあったのか，葛藤の循環にあったのかによって，人との関係の持ち方が異なる。たとえば，親子関係が切れる循環にある場合には，否定的自己像を描きやすく，他者との信頼関係を築くのに困難を生じ，学校や施設においても対人関係でつまずき，問題行動や非行を起こす結果となることが示された。家庭内で切れる循環や葛藤する循環にあった場合には，社会適応で困難を抱え，事件を起こすことにより，さらにコミュニティとの関係が切れ，社会的排除が進む傾向がある。山岸（2001）によると，「犯罪・非行者の生活史にほぼ共通するのは，多くの出会いにおける抑圧作用である。……人を信頼できなくなる不幸な生育史のもと，……出会った多くの他者との間に，より良い関係を作り損ね」ると言う。

　次に，非行少年が抱える居場所感のなさと，実際に少年を抱える場の衰退との関連について検討する。これらのふたつは，対になって進行するのではないかと考える。環境調整命令が発せられる事例では，抱える場が次第に衰退していく過程が見え，少年の適応が追い付かず，居場所感のなさは漸次深刻になることが見えてきた。抱える場の衰退とは，次のようである。両親が離婚することによる親との別れに加え，再婚による新たな家庭への適応の失敗，父母間・親戚をたらいまわしにされることなどの養育環境の不安定さがある。たとえば異父母兄弟の出現により，ねたみやひがみを感じた少年は，問題行動で表現する。その結果，親は育てにくさを感じ，親子の関係性が悪化する。少年の問題行動と親の自信のなさにより，たらいまわしにされたり，施設に預けられたりする。いったん施設に入ると，

第5章 自己疎外・家庭内疎外と社会的排除による非行化の過程

居場所感のなさ　　抱える場の衰退

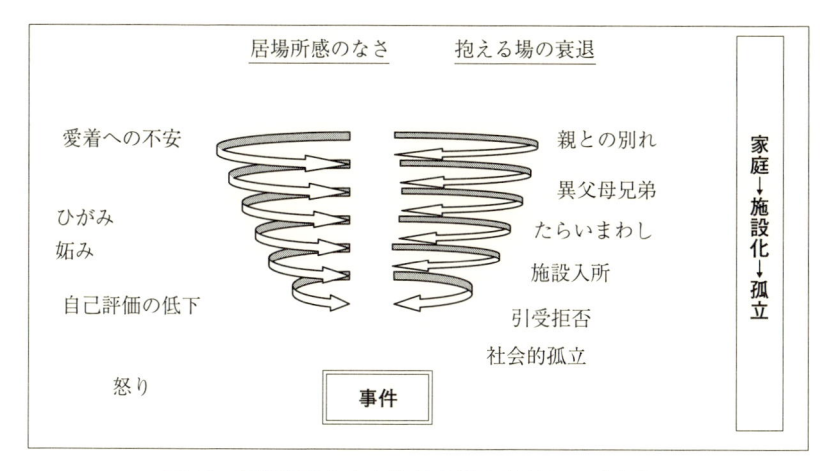

愛着への不安　　　　　　　　　　親との別れ
　　　　　　　　　　　　　　　　異父母兄弟
ひがみ　　　　　　　　　　　　　たらいまわし
妬み
　　　　　　　　　　　　　　　　施設入所
自己評価の低下
　　　　　　　　　　　　　　　　引受拒否
　　　　　　　　　　　　　　　　社会的孤立
怒り
　　　　　　　　　事件

家庭→施設化→孤立

図5-3　居場所のなさと抱える場の衰退のスパイラル

　それまでの問題行動により自信を失った親は，施設からの引受けに消極的になったり，拒否する。その結果少年は，社会的孤立となり，居場所感のない感覚は，いっそう強まる。

　抱える場の衰退を貫いているのは，親の側のかかわりの回避・拒否である。生島（2003, pp76-78）は，「非行性が深まるプロセスとして，幼児期から親の拒否的あるいは無視などの養育態度，愛情・受容に欠ける母性的養育の欠如があり，子どもの反社会的行動が，さらに親の否定的態度を招く」ことを指摘している。本書においても，少年の問題行動と親の側のかかわりの回避・拒否の相乗効果により，抱える場は衰退し，それに伴なって少年の感じる居場所のなさが進み，居場所のない感情は，怒りや恨みとなり，事件に発展することが示された。そして事件により，さらに抱える場を失い，社会的孤立が進む。このように少年の側の問題行動と抱える場の衰退の悪循環により，社会的孤立に向かって，らせん状に進む過程があるのではないかと考える。社会的排除が次第に進む過程において，居場所感のなさという心理的な過程も進行していることを示した。居場所感のない気持

ちが主観の世界の中で生起しているだけでなく,抱える環境から切り離される現実に裏打ちされている点に,非行事例が抱える課題の深刻さがある。

遠藤 (2008) は,自立援助ホームの入所児童について「小さきときに受けた心の傷は,人への不信感,大人への不信感,自分への不信感,社会への不信感として彼らの心の中に根深く残っており,そして,そのことが,この子どもたちの無気力さや虚無感,厭世観を生み出し,子どもによっては,それがもっと膨らんで反社会的なもの(遠藤はこれを「黒いエネルギー」と呼んでいる)まで心の奥底に潜ませている。もしも,この子どもたちが人への不信感,大人への不信感を抱えながら社会に飛び込んでいったなら,それは自立への旅立ちではなく社会から孤立するための旅立ちである」と述べる。遠藤 (2008) が述べる子どもは,家庭で保護されないどころか,虐待を受けてきた子どもたちである。家庭よりも施設の方が良かったと答えるほど家庭における傷つきが大きい。虐待による傷と,話に耳を傾けてもらえなかった,個として尊重されなかった傷つきである。遠藤 (2008) の述べる黒いエネルギーを抱えたまま社会に出れば,待っているのは孤立だけであると言う。

2. 環境の居場所機能の視点からの「出院アプローチ」
——退所プログラムと leaving care からの示唆

調査Ⅱの結果で見たように,いったん施設に入所すると,家庭内での養育に戻るのが困難となる現状がある。児童養護施設に預けっぱなし,あるいは児童養護施設から児童自立支援施設へと施設を渡り歩く場合などである。岩田 (2008, p115) によると,ホームレスなどの「社会からの引きはがし」が見られるプロセスには,その合間合間に,病院や社会福祉施設への短期的な滞在,あるいは矯正施設への収容が存在していることがあると言い,施設は休養の場としての機能を担いながらも,いったん施設に入ると,容易に社会へ参加する道が開けないことを述べる。

矯正施設から在宅処遇への転換点は，「社会からの引きはがし」（岩田, 2008, p115）が起きかねない危機的な状況である。環境調整命令は，この危機を事前に予測し，施設在院中に受け入れ態勢を調えることができるように，保護者や各専門機関に働きかける趣旨で発せられる。

　少年院から仮退院する地点において，家庭での受け入れ態勢を整えることができるかどうかが問われ，結果いかんで危機にもなりチャンスにもなり得る。そこで環境調整命令事例において，環境の受け入れ機能を高める支援を考えることにする。前節まででみたように，立ち直りが困難な事例では，保護者が養育の自信を失っている場合が多い。在宅処遇へつなげるには，引受け予定者が，充分に力を発揮できるように，場を整えておく必要がある。

　施設内処遇から社会内処遇へ移行する場合の支援方法について，精神科の入院患者の退院事例「社会復帰病棟の退院アプローチを考える」（伊藤, 2002）を参考に検討する。この事例を参考にしようと考えたのは，社会から閉鎖された空間で一定期間生活をしていること，その結果，日常生活を送る上でのスキルがついていないこと，家族やコミュニティとの関係が切れている場合が多い点で，非行事例と共通点があるのではないかと考えたからである。図（5-4）は，筆者が論文から読み取った内容を図式化したものである。

　伊藤（2002）によると，円滑な退院に向けて，次のような支援を実施したと言う。

　入院中に，社会に出た場合に日常生活が送れるようにスキルを身につける。調理の方法，時間の使い方，お金の使い方，薬の飲み方など，日常生活に必須のものを身につけることで，自分の力で生活を送ることができる自信をつける。環境の変化を最小限にするために，退院後も引き続きデイケアが利用できるように段取りを組む。具合が悪くなったら外来を受診すること，直通電話での対応が可能であることを，事前に患者に伝える。

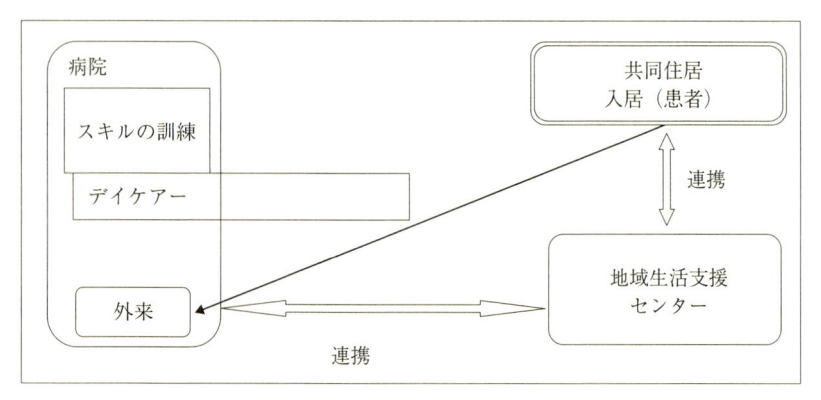

図5-4 「社会福祉病棟からの退院アプローチ」
(伊藤（2002）を参考に筆者が図式化)

　入院から退院の移行を支えているのは，退院にそなえた事前の準備（スキルと自信をつける），生活の場の継続性（デイケアの継続的利用），退院後に頼る場の用意（外来，地域生活支援センター），かかわる職員の連携である。
　以上の試みが，少年が少年院から家庭に戻る場合に応用できないか検討する。矯正施設は，病院と異なり，いったん出ると関係が切れる。病院のように，困ったときの器にはなり得ない。したがって出院後ではなく，少年院に在院中に，少年院から家庭への移行を支える支援が考えられないか検討する。
　少年院においても，出院後に向けたスキルの訓練を受ける。対人スキルの訓練や職業訓練，規律正しい生活を身につけるなどである。
　入院時から出院後も利用できる場，上記の例で言えばディケアに匹敵する場は，たとえばダルク（DARC）の活動が挙げられる。ダルクは，各地の少年院で講演を実施しており，出院後にダルクに参加するきっかけを与えるかもしれない。少年院出院者によって構成されるセルフヘルプ・グルー

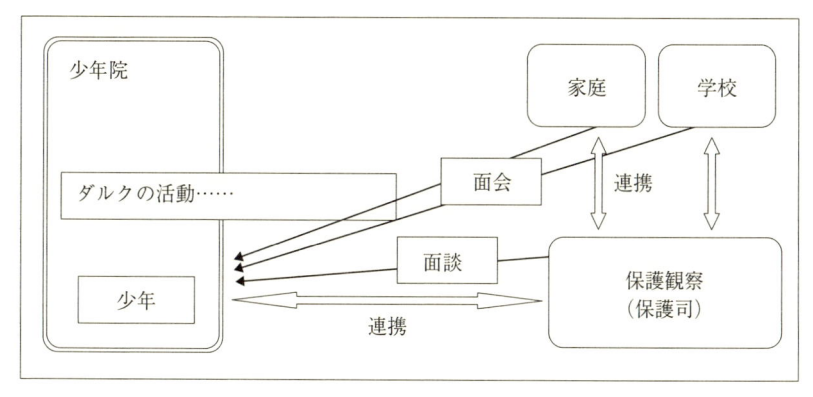

図5-5 少年院からの出院アプローチ

プであるセカンドチャンスも，少年院での講演を行っている（特定非営利活動法人　セカンドチャンス，2011）。しかし，いずれも先の「退院アプローチ」に比べると，少年院内での活動が講演であり，在院者が能動的に参加する活動の場とはなっていない。出院後に参加できる場を意識した学びのプログラムを，少年院教育の中に組み込むことは考えられないであろうか。

「退院アプローチ」の地域生活支援センターにあたる機能を担っているのが保護観察所（保護司）にあたるのではないかと考える。少年に面談を行いながら，家庭や学校と連携を取る活動が，環境調整である。

保護者の面会は，保護者の少年院教育への理解を深め，また出院後の引受けにも良い影響を与えるとして，少年院が積極的に取り組んでいる。環境調整命令においても，親子関係の改善のとっかかりとして保護者の面会を奨励している。以上の流れを見ると，矢印が少年院の外から少年院へ向かっており，少年院から家庭やコミュニティに向けた矢印がないことに気付く。

小木曽（2011）は，児童養護施設を退所して家庭に戻るプロセスを支援する leaving care について，児童養護施設のある地域コミュニティと児童

の戻る家庭のあるコミュニティの二つのコミュニティの協働により，支援の移行が行われることを指摘している。

　少年院では，それを含めたコミュニティまで支援の主体を広げることは難しいとしても，少年院と帰住先を含むコミュニティとの協働といった発想ができないであろうか。具体例として，中学生の少年の場合に，少年院，中学校，保護観察所，保護者が，出院に向けて協議をするといった協働関係は考えられないであろうか？　四者の協議を実施することで，保護者や学校のとまどいを軽減することが可能になるのではないかと考える。また少年に，出院への動機づけを高めることにもなるであろう。

　次の事例は，少年院が家庭に向けてアクションを起こすことで，少年を出院後の生活場面に結びつけた事例として，紹介する。筆者が家庭裁判所調査官をしていたときに経験した事例である。子どもの誕生を迎えた少年院在院中の少年を，施設の職員が付き添って，少年に一時帰省させ，妻と赤ん坊に面会をさせた事例があった。赤ん坊と対面した少年は，父としての自覚と喜びを体験し，その後の少年院での教育が充実したものになったと聞く。特例的な取り計らいであり，一般化させることはできないが，出院後のあるべき姿を描くことができたことで，少年院での教育が実りあるものになったであろうことは間違いない。少年院の教育と出院後の生活を繋ぐ好例であろう。

引用文献

遠藤浩（2008）自立援助ホーム―虐待を受けた子どもたちの心の安全基地．家庭裁判月報，60（4），27-73．
伊藤由賀里（2002）社会復帰病棟からの退院アプローチを考える―共同住居入居退院に向けての取り組み．日本精神科看護学会誌，45（2），21-24．
岩田正美（2008）社会的排除―参加の欠如・不確かな帰属．有斐閣．
小木曽宏（2011）児童養護施設から「自立」すること，「支援」すること．司法福祉学研究，11，144-158．

佐藤郁哉（2008）質的データ分析法―原理・方法・実践．新曜社．
生島浩（2003）非行臨床の焦点．金剛出版．
特定非営利法人　セカンドチャンス（2011）．セカンドチャンス―人生が変わった少年院出院者たち．新科学出版社．
山岸治男（2001）社会性の形成と精神的発達：犯罪・非行者福祉の一基礎論として．大分大学教育福祉科学部研究紀要，87-96．

第III部

社会の中での立ち直り支援とは

　第III部では，第II部で検討した自己疎外・家庭内疎外と社会的排除による非行化の過程を踏まえて，どのような立ち直り支援が有効か検討する。第6章では個人療法的視点，第7章では親支援の視点から検討する。

第6章

個人療法的視点からの立ち直り支援
―― 司法の枠組みから少年個人の枠組みへ ――

　第3章，第4章でみられるように，非行の発現が，自己疎外と関連があると考えられたことから，自己疎外からの回復，すなわち自己を全体として捉えることを，立ち直り支援とした。本章では，A事例，B事例における支援のあり方を振り返ることで，終章での検討につなげる。

第1節　A事例からの検討

　青年期は，親との関係を結び直し，自我を再構築する過程であり，今までの親子の関係や自我の在り方から脱皮する時期である。その点では，別れの過程，「喪の過程」（小此木 1979, pp11-12）でもある。この困難で，デリケートな時期において，ありのままの自分が受け入れられるだろうかとの不安が喚起される。少年たちは不安を感じれば感じるほど，不安から身を守るために過剰適応しようとする。しかし過剰適応は，一時しのぎの適応に過ぎない。立ち直り支援では，関係性の中で「居場所」のある感じを得，過剰適応を緩めることができるようになることが，必要となると考える。
　しかし「居場所」がないという視点でAを理解しようとすると，始めから考

えていたわけではない。次のような経過の中から、「居場所」に注目するようになった。当初は、暴走族に足を突っ込みながら、そのことを後悔して、事件をきっかけに立ち直ろうとしているように見え、アイデンティティが見つからずにさまよっているのではないかと、面接者は捉えていた。しかし、Aは張り切って、生活を始めたかに見えたものの、新たな仕事を探してきては続かないということの繰り返しであった。それを聞いているうちに、面接時における"前向きな"姿勢と、行動の結果が乖離しており、何かちぐはぐな印象を受けるようになった。当初はAの主体性にゆだねるような面接を行っていたが、面接者に答えを求めてくるAの姿勢に、周囲の意向を第一に動こうとする行動傾向を読み取るようになった。

　過剰適応の少年たちは、面接時の今の自分と、それ以外の場面における自分とのずれや、言葉で表現していることと行動のずれについて、ずれをずれと認識しないままに、その場その場の適応に身を任せていることが多い。ある種の自己疎外が起きている。そのことに当初は、面接者が振り回されたが、面接の流れに沿ってAを全体としてみたときに、少年のまとまりの悪さこそが、Aの課題であるのではないかと考えるようになった。その場しのぎの行動に終始する現象から、「居場所」のなさが、少年理解に必要な言葉ではないかと考えるようになった。

　そこで、どのような支援が過剰適応を緩め、「居場所」のある感じにつながったのか、ひいては自己を全体として捉えることを可能にしたのか、検討する。

1. 居心地に着目した支援——個人の枠組みの強化

　過剰適応の少年は、司法の枠組みにも従順であろうとする。司法の枠組みとは、家庭裁判所が担っている目的に従って、少年に社会適応を促し、再非行を起こさないようになることを目指す、面接の指針である。本事例を例にとると、面接者は、面接開始当初に少年に、社会のルールに従うこ

と，進路選択ができるようになることを促しているが，これらが司法の枠組みに従った取り決めである。過剰適応型の少年は，常に相手に気に入られるように行動を組み立てる傾向があるので，目標設定に従い，それに向けて頑張ろうと努める。Ａも当初，家庭裁判所の提示した目標に従って生活をする意気込みを示した。

　Ａは当初張り切って，生活を始めたかに見えたが，仕事が長続きをせず，すぐに辞めてしまうことを繰り返した。父の仕事を継ぎたいとか，正社員にこだわる言葉とは裏腹に，あれこれ理由をつけてはやめてしまうＡの行動には，ちぐはぐさがあった。Ａの過剰適応を緩めようと，「60点でもよい」，「正社員でなくても良い」と面接者は繰り返し伝えたが，正社員へのこだわりは続いた。

　そこで面接では仕事が続いているかどうかを話題にするのではなく，仕事での居心地の良さに焦点を当てることにした。面接者は，今現在の少年の感じ方，受け取り方に関心を持って問いかけた。この問いを毎回繰り返すことにより，少年も今の居心地の良さに目を向け，重視するようになった。職場での居心地の良さは，それまで，少年の生きてきた中で，問われることが少なかった問いかけではないかと考える。職業について大人が指導するときには，働く心づもりをまず問う。働いてみて居心地はどうであったかという点は，二の次にされがちである。関心すら持たれない場合もあるであろう。しかし少年が立ち直るには，周囲の意向に合わせるだけでなく，少年が自分自身の感覚をもとに行動を決めることが重要になる。

　Ａは新たな職場について「よそよそしい」，「気詰まり」，「しっくりこない」と，自分の感覚で居心地の悪さを述べるようになった。Ａは，居心地の悪さを口に出せば出すほど，次にどのように行動を起こして良いものかわからなくなり，戸惑うようになった。この時点で，面接開始当初に少年が基本としていた，大人の基準を頼りにすれば大丈夫とする指針が崩れ始めた。今まであたりまえであった行動指針が崩れ，新たな指針を獲得する

必要が生じた。

2. 過剰適応を含めた全体性に着目した支援

　「居場所」のある感覚に欠けるところがあり，過剰に周囲に合わせようとする傾向から，Ａはあるがままでいることが認められているという実感に欠けているのではないかと考えた。「居場所」のある感覚は，面接が進むにつれ，少しずつ実感されるようになった。面接場面では，上記のように居心地について聞いたり，「60点でもよい」，「正社員でなくてもよい」と過剰適応を緩める働き掛けを行った。それに対してＡは，「（正社員でないと）僕はダメだと思う」と述べ，「自分では将来の方針を決めることがどうしてもできない。でも人に決められると気持ちがついていかない」と述べた。この時に面接者は，過剰適応を止めさせればよいというのではなく，過剰適応せざるを得ないＡの内面を汲むべきであったことに気づかされた。

　Ａにとって過剰適応を緩めて全体性を取り戻すこととは，面接者や両親の意向に合わせて，将来志向的に振る舞うことではなく，自信のない自分が，今現在何ができるのか，できないのかを確かめながら歩むことであった。

　それに向けた面接者のかかわりとは，過剰適応をしているＡについて，過剰適応を止めさせようとするのではなく，過剰適応をすることも含めて，全体としての今のＡの在り方を認めるかかわりであった。

　居心地に着目して聴いていく方法も，過剰適応も適応の一つとしてＡの在り方を受け入れて聴いていく方法も，面接者とＡとの間で生まれた関係の取り方であった。司法機関の枠組みの中でのかかわりではあるが，面接者と少年との間で生まれることに重きを置いたことが，Ａの「個別性」に迫り，今まで語られなかった弱さや傷つきやすさを浮かび上がらせることに貢献したと考える。

第2節　B事例からの検討

　薬物事案であれば，薬物を使用するようになった経過を問う。薬物使用の端緒は，どのようなものか。人に誘われたのか，犯罪性のある者からの誘いか。薬物の入手はどのようにしたのか。薬物使用歴，使用頻度はどのような状況であったか。主として薬物との関係を押さえ，そこから薬物非行がどの程度進んでいるのか判断する。薬物非行の進行の程度を把握するには，薬物と人との関係を，あらかじめ設定された質問に従って問うことになる。このような質問は，どの少年にも一律に投げかけられる。同じ質問を投げかけることで依存の程度を比較することが可能になる。少女Bの事例においても，定まった質問は行っている。しかしそれだけでは，Bがなぜ薬物に頼ろうとしたのか，そのことの意味は浮かび上がらない。ここで取り上げようとするのは，Bという少女にとって，薬物を使用することがどのような意味を持っていたかである。Bにとっての薬物の意味を問うことは，Bという少女に関心を持つ第一歩となる。

　同様に生育史の聞き取りも，司法の枠組みから発せられる聴き取りと少年個人にとっての意味を問い直す聴き取りがある。初発非行が何歳からか，どのような罪種の非行を行ってきたのか，今まで受けた処遇歴と改善傾向，発育状態，社会生活への適合度などは，主として前者の視点からの聞き取りである。それに対して，今まで歩んできた道のりを，少年がどのような視点や情緒をもって振り返るのかが，後者の聞き取りである。面接場面において，Bが語る生育史を聴き取る作業は，後述するように，立ち直り支援としての意義があると考える。

1.「主訴」につながる薬物使用動機

　Bの事例で，薬物の持つ意味は次のように語られた。Bはシンナー使用の直前の心理状態について，アルコールが入っており記憶していないと述

べている。しかし、その数日前の出来事として次のように述べている。B
と交際相手との別れ話が出ており、交際相手の前でリストカットをした。
その時の状況についてBは、「彼に気持ちを伝えたいのにうまく出せず、
悩んでいた。彼はそうとは取らず、自分がBを苦しめているのなら別れ
た方が良いのではないかと考え、別れ話を出してきた。『別れよう』と切
り出され、『なんか、もういいわ』と自棄的な気持ちになり、彼氏の前で
リストカットをした。『そうすることで、止めてくれるかな……』と少し思っ
た。彼はすごい怒ってくれて、初めて叩かれた」と述べた。その別れ話が
出ていた交際相手が、別の女性と親しくしている姿をたまたま目の当たり
にしたことにより、飲酒したうえでシンナーを吸ったということであった。
この語りを聞いた面接者は、Bがシンナーに手を出した時の光景が目に浮
かび、アルコールでは足らず、シンナーを吸ったBの気持ちが生き生き
と伝わってくるように感じられた。もともとBは表情が乏しく、語られ
る内容の過酷さに比べて、淡々とした表情が気になっていたが、この回、
初めて感情が感じられ、面接者としても腑に落ちた回であった。Bの薬物
の意味は、目の前の耐え難い現実から一時的にでも退避するための手段
であり、また本来なら相手に向かう攻撃性が、向かう矛先を失い、自分に向
かった結果の薬物使用であった。このようにBと薬物の関係に目を向け
たときに、背景にあるBの孤立感、そして相手が自分にとって大切な人
になればなるほど自分を出せない心情が浮かび上がった。Bにとっては、
相手が大切になればなるほど捨てられる不安が掻き立てられ、自分を出せ
なくなる。しかし自分のありのままの感情を出せないことで、相手との関
係が切られてしまう、にっちもさっちも行かない状況に追いやられていた
ことが理解できた。

　これが、面接者とBとの間で生まれた、薬物使用の動機理解である。
司法判断に必要となる標準化された「薬物使用歴」、「薬物入手手段」とは
異なる、Bにとっての薬物使用の意味である。Bの薬物使用の意味を聞け

たときに,その背景にあるBの生きづらさである,大切な人になればなるほど自分を出せないことを感じ取ることができた。ここで語られた生きづらさは,カウンセリングにおける「主訴」にあたる。これがカウンセリングであれば,Bの生きづらさを理解することで,面接関係が始まったと考えられる。少年事件における面接では,通常のカウンセリング面接と異なり,面接開始当初において主訴はない。公権力により意に反して連れてこられたのであるから,ないのは当然である。しかし非行からの立ち直りを考えた場合,少年が自分自身で「主訴」にあたるものを見出しておくことは,その後の教育,支援にとって必ず必要である。「主訴」を軸に,立ち直りへの主体的関与を引き出すことが可能になる。以上から,司法判断に必要な動機理解とは異なり,少年の「個別性」に注目した薬物使用の動機を聴き取ることは,立ち直りの支援として重要な役割を果たすことを明らかにした。

2. 生育史の聴き取りにおける相互性——ファクチュアリティとアクチュアリティ

　Burgess (1930) は,非行少年のライフヒストリーを描いた『ジャック・ローラー』の論考 (Shaw, C.R. 1930=1998, p308) で,個人のライフストーリーを話したり書いたりすることは,それ自体が治療の一部であると述べる。個人的経験を語るという表出行為は,カタルシスを導く効果があるが,それだけにとどまらず人生の主体的なパースペクティブを持つことができる効果があることを述べている。人生を語るという行為自体に,すでに治療的効果があるということであるが,ここでは人生を語ることに加えて,聞き手のあるところで人生を語ることの意義について検討する。

　Bが薬物使用について,自分の気持ちを込めて語るようになったのは,それ以前にBの生育史を聞き取っていたことが重要な役割を果たしていたのではないかと考える。Bは,それまでの生育史の中で,両親から置き

去りにされる体験をしており,依存する対象から捨てられるのではないかとの不安を持っていても不思議はないと考えられた。しかしBは,そのような生育史の中でも弱音を吐かず,生き延びてきた。面接者は本来なら,心細い気持ちを両親にぶつけても良いと思われるときでも,しっかり者を演じていることにひっかかりを感じていた。面接場面においても,過酷な体験でありながら,淡々とした態度で面接者に語ることが,繰り返された。これらの事実の重なりから,Bは弱音を吐かなかったのではなく,吐けなかったのではないだろうかと考えるようになった。

　面接者は,Bとの面接の中で,次のようにBの語る出来事の背景にあると考えられる,表出されなかった感情を読み取り,つながりのある語りとして聴き取るように努めた。Bは,両親が突然家を空けることになった時に,寂しさや心細さこそ表現しなかったが,両親が家を空けた直後に家出をし,家出先で不良仲間との交遊に明け暮れた。またその頃に異性関係も始まっている。それらの行動から,Bは両親の不在により,本当は寂しさ,心もとなさの感情に襲われながら,表現できなかったのではないかと想定した。面接者は,Bの感情を受けとめていることを,表情や簡単なうなずきの中に込めながら,場合によっては言葉にして返しながら,聴き進めていった。

　異性との関係が切れた時に,シンナーの使用が始まったことや,交際相手が別の女性といるところを目にした時に,多量飲酒したとの報告が為された。それは状況報告という形をとりながらも,聞く者に,孤立感や置き去りにされる不安感を感じたであろうことを充分に伝えるだけの語りとなっていた。「本当は大切な人にこそ自分の気持ちを言いたいのに,本当の気持ちを伝えると嫌われるのではないかと不安になり言えない」との言葉は,その流れの中で語られた言葉である。面接者とBの相互性の中で,徐々にBの語りは変化し,疎外されてきた感情についても触れることができるようになったのであろうと考える。語りの内容は「本当の気持ちを

言えない」という内容であるが，面接の場でそのことを伝えられただけでも，「本当の気持ち」を語る第一歩であったと考える。

　生育史の聞き取りの作業とは，少年が自分の人生をどのように意味づけているのかを語り，さらに面接者がどのように受け取ったのかを返すこと，このやり取りの繰り返しから成り立っており，相互的な関係性の中で為される。その関係性の中で，今まで人に明かすことができなかった，そして自分自身の意識からも排除してきた，人に嫌われる不安を述べるに至った。面接者との「相互性」の中から新たな事実が生まれた。

　Erikson（1977=2000, pp64-65）は，包括的な現実（真実）的なもの，すなわちリアリティに向けて，個々人を相互に活性化，行動化させるものをアクチュアリティ（実動性）と呼んで，いかなる時代においても検証可能なファクチュアリティ（事実性）と区別する。ライフストーリーを〈いま－ここ〉で聴き取ることは，このアクチュアリティ（実動性）である。すなわち，面接者と語ることで，生育史の負の感情に言及したBは，負の体験を聴いてもらえたというアクチュアリティを体験したことになる。人に弱みを見せることのできなかったBにとって，今後に向けた変化につながる可能性を想定できる。

　非行少年たちは概して，物語ることが苦手である。未成熟で，言語表現に長けていないこともあるが，自分の気持ちを受け取ってもらう，相互性のある体験が不足しているのではないかと考える。したがって，少年の身になって聴き，感情部分をも含めて生育史を聴き取る作業は，少年の立ち直り支援としての意義がある。

　少年たちの語ろうとして語られないことに関しては，抱える側の課題にも目を向ける必要がある。たとえば，家庭内で抱える問題が多いがために，少年が自分の弱さを吐露できない場合，自分の弱さを認識すると，不安に圧倒されそうになる場合などが考えられる。それらに対応する支援策を考える必要がある。

引用文献

Erikson, E.H.（1977）Toys and Reasons. Stage in the Ritualization in Experience. W.W. Norton & Company, Inc.（近藤邦夫訳（2000）玩具と理性——経験の儀式化の諸段階．みすず書房）

小此木啓吾（1979）発達的にみた思春期とその治療．安田生命社会事業団編：安田生命講座9　思春期の精神医学．安田生命事業団．

Shaw, C.R.（1930）The Jack-Roller. A delinquent boy's own story. The University of Chicago Press.（玉井眞理子・池田寛訳（1998）ジャック・ローラー——ある非行少年自身の物語．東洋館出版社）

第7章

非行の親支援

第1節　本章の目的

1．本章の目的

　子の非行の問題を持つ親支援を，研究の対象として取り上げた必要性は，次の二点からである。第一点目は，親を支援することが，親の抱える力を高め，少年を自己疎外や社会的孤立から守ることにつながるであろうと考えたからである。第二点目は社会との関係性の在り方に関して，親支援にも，少年の立ち直り支援が抱える課題があるのではないかと考えたからである。

　第一点目については，第6章までで論じてきたように，非行少年は家族とのつながりにおいて疎外感を感じると，非行を起こす可能性が高まり，非行を起こした結果，さらにいっそう家族とのつながりが疎となる悪循環に陥る。子ども時代の家族との絆がしっかりとしたものであることは，その後の再犯を防ぐために重要である。次に述べるように，少年と家族との絆を強めようとすれば，親を支えることで，親が子の問題を抱えることができるようにする必要がある。

　第二点目については，非行の子を持つ親は，少年同様に社会から排除の目を向けられやすい傾向があることから，支援のあり方にも共通性がある

と考えたからである。そこで親支援のあり方について，社会との関係で捉え，支援方法について検討する。

2. 親支援の必要性

　少年の立ち直り支援にとって親支援が重要になることについて，親の立場に立って，その必要性を述べる。子の非行で悩む親の会[注]にかかわっている体験から感じ取られた支援の必要性は次のとおりである。会に参加する親達から，子どもが事件を起こして捕まってからというものは，身を隠すように，サングラスをかけて外出するようになったことや，中学からたびたび子どもの問題行動で呼び出されるが，一方的に注意されるだけで，うまく相談できないこと，子どもの非行に悩み，専門機関を訪れても，本で得られる知識を言われるだけで役に立たない，それどころか子の非行化の原因が，親にあるかのように言われて傷ついたという声を聞くことがあった。子の反社会的問題で悩む親が地域コミュニティ，学校，相談機関から排除されていると感じ，関係性そのものがストレスになっていることが語られている。筆者は，周囲から親としてのあり様を責められる体験は，転じて親が子どもを責める態度をつくりだすのではないか，そうであるなら子どもの情緒発達に悪影響を及ぼすのではないだろうかと考えるようになった。しかし，そのような体験を経た親たちが親の会に参加するようになり，親同士で支え合う関係性を体験することで，子どもとの関係を再構築する姿にも接し，良い面でも悪い面でも，親と社会との関係が，親子のかかわりに影響を及ぼしている点に注目するようになった。このようなことから子の非行で悩む親に，社会，あるいは専門機関はどのように接すれば良いのだろうかと関心を持つに至った。

注）後述する「『非行』と向き合う親たちの会」とは別に，さまざまな名称で子の非行で悩む親の会がある。ここでは総称として「子の非行で悩む親の会」を使う。

第2節　調査方法

1. 子の非行で悩む親の会に研究協力者を求めたいきさつ

　調査協力者を，子の非行で悩む親の会の会員に求めた。そのいきさつは次のとおりである。子の非行で悩む親の会は，セルフヘルプ・グループとして位置づけられる。セルフヘルプ・グループとは，「ある共通の問題に見舞われた個人が（あるいはその家族が）自分一人だけでは解決できそうにないその自分自身の抱える問題の解決，あるいは，その問題とともに生きていく力を得ていくために，自発的かつ意図的に組織化したグループである」(三島，1997, p218)。

　わが国で最初に発足した親の会は，障害児・者家族会「全国手をつなぐ親の会」であり，1952年（昭和27年）のことであった（嶋崎，1998）。障害児の親の会，慢性疾患の子を持つ親の会など長期にわたる療育や治療が必要な子どもを持つ親の会に始まり，最近では発達障害の親の会，不登校やひきこもりの親の会など，思春期の課題が親の会として増加している。1996年11月に，子の反社会的問題で悩む親たちが，悩みを共有する仲間が欲しいと，「『非行』と向き合う親たちの会」を結成した。不登校の場合には人に相談することができても，非行に走った子どもを持つ親は，世間をはばかって誰にも相談できずに一人で悩むケースが多い。そのような受け皿になるべく，つくられた（能重・浅川・春野，2004, p10）。

　子どもの非行で悩む親の会は，子どもの反社会的問題という自分一人だけでは解決できそうにない課題を抱えた家族が，非行からの立ち直りのための解決，あるいは，非行の問題のある子どもとともに生きていく力を得るために組織化されたグループである点で，まさに三島（1997, p218）の述べるセルフヘルプ・グループであると考える。

　セルフヘルプ・グループとしての親の会は，中田（2009, p44）が述べるように子どもの抱える困難について，子どもに代わって社会に向けて発信

する役割を持つが，子どもの非行で悩む親の会はどうであろうか。今まで子どもの非行で悩む親たちは，子どもの抱える問題が反社会的行動であるがために，社会に向けて謝罪するか，社会から身を隠していた。しかし，非行の原因は家庭にあるだけではない。地域コミュニティや学校との関係が，非行化の一端を担っている場合もある。ましてや少年を立ち直らせるには，家庭の力だけではなく家庭を取り巻く地域コミュニティや学校の支援が重要になる。その重要性について親が発信することは，意義のあることであるはずである。しかし現状では，子どもが非行を起こすことで，社会との関係はいっそう難しくなり，わが子の立ち直りについて発言するなど許されないと多くの親は考える。子の非行で悩む親の会では，社会との関係が難しくなった親たちが互いに支え合い，子どもとの関係を立て直し，社会とのつながりを模索する。子どもの問題・課題を認めたうえで，親子関係の在り方を模索し，子どもをどのように社会に送り出すのかを考える点では，他のセルフヘルプ・グループの親の会に通じると考える。子どもの非行の問題で社会との関係がストレスになった親を社会が支えるにはどのようなかかわりが必要であるのであろうか。子どもの非行で悩む親の会に学ぶことで解決方法が得られるのではないかと考え，本書の調査協力者を親の会に依頼することにした。

2. 本章でテーマとする「非行」について

本書で「非行」については，法的な概念定義に従うことを序章で述べたが，本章における調査では，必ずしも法律に触れる行為に限定しない。反社会的行動を起こしている場合，その行為が法律に触れる行為であるか否かを問わず，学校や近隣で「問題児」，「非行少年」と見られていることで，親は悩み，傷つき，子どもの育ちにゆったりとつきあうことができなくなる。本章では，子どもの反社会的行動により，親と社会との関係がどのように変化するのか，あるいは回復するのかを検討することにあるので，調

査協力者の選定において，法律に該当する非行の問題のある調査協力者に限定する必要性はないと考え，家出や家庭内暴力も含めて「非行」と捉えることにした。

3. 調査方法

　2011年8月17日，同月23日，同月25日，9月2日，12月18日に，子どもの反社会的行動で悩んだ経験のある親の会の会員7人（A会R氏，B会H氏，B会M氏，C会M氏，C会G氏，D会G氏，E会M氏）に，インタビュー調査を実施した。

　子どもの非行で悩む親の会（以下「親の会」と記す）の事務局に，調査目的と調査協力の可否を尋ねる依頼状を出した。面接に先立ち，面接の目的，守秘義務に関する事項，いつでもインタビューを中断することができることを，文書と口頭で伝えた。また面接内容を録音することに関し，録音した記録は研究終了後にすべて破棄することを伝えた上で，許可を得て録音した。

　面接時間は一人あたり，約50分から1時間半であった。

　質問項目は，①子どもの非行化により，学校や地域コミュニティとのかかわりは，どのように変化したと思うか，②もしコミュニティとの関係が難しくなった場合に，それが親子の関係に影響を及ぼすことはあったであろうか，③子どもの非行の問題で相談できるところはあったであろうか，④どのような経過で親の会を立ち上げようと思ったのか，あるいは親の会に参加するようになったのか，⑤親の会につながることで，ご自身の考えや気持ちはどのように変わったと思うか，⑥親の変化は，子どもにどのような影響を与えたと思うのか，である。実際には，上記の質問項目を意識しながら，調査協力者の話の展開に任せて聴き取った。

第3節　調査結果

1. 調査協力者の概要

　調査協力者（以下「協力者」と記す）は，全員が母親である。自身の子どもの非行の問題がなくなった現在も，親の会で活動をしている。

　協力者の子どもの性別は，男子5名，女子2名である。語られたエピソードの中から拾った問題行動は，窃盗，暴走，家出，家庭内暴力である。インタビュー実施時点で，子どもの進路はさまざまであるが，全員が非行の問題を卒業している。

2. インタビュー結果のコーディング

　個人情報を削除した逐語録を作成し（一次資料），オープンコーディングの処理を行い，さらに焦点的コーディング（佐藤，2008，pp100-101）を行った（表7-1　逐語録のコーディングの抜粋）。コーディングの実施にあたり，専門家2名のチェックを受けた。得られたすべての焦点的コーディングを，オープンコーディングとの関係で示したものが表（7-2）である。

3. インタビュー結果の図式化──子の受容に至るまで

　本章の目的は，子どもの反社会的な問題を抱え込むことにより，社会との関係でどのような養育上の困難を体験し，どのような過程を経て親機能の回復に至ったのかを検討し，親支援の在り方を探ることにある。出発は〈子の異変〉であり，最終的には全員が，子どもを受け入れる結果となっている。そこで，問題の発端である〈子の異変〉から，〈子の受容〉までの間の過程を，グラウンデッド・セオリー・アプローチを用いて検討する。焦点的コーディングで得られたコードを，「状況（条件）：condition」，「行為／相互行為：action/interaction」，「帰結：consequence」の流れに沿って整理する（戈木，2010，p28）。本調査では「状況（条件）」に該当するコー

表7-1 逐語録のコーディングの抜粋例

焦点的コーディング	オープンコーディング	逐語例
子の異変	坂道を転がり落ちるような変化	中学2年生くらいからたばこを吸う，夜遊びをする，万引きをする……坂道を転がり落ちる，本当にそんな感じで子どもが変わっていった。
	突っ張りの顔立ちをつくる	あるとき，眉毛がなくなっていた。格好いいだろうって言って。1週間したら今度は茶髪になって
	万引きの誘いを受けていた	友だちから万引きの誘いがある。
変化の否認	うちの子は非行でないと思い，親の会に入会せず	子どもが少年院に入ったとか載っていて，うちはこんなにひどくない，非行まで行かないって思ったんです。
	子に手をかけようと一瞬思うが，手をかけずに過ぎて行く	子どもに手を掛けていないなって一瞬思うけれど，結局同じで過ごして来て。
	子の非行を認めるようで親の会に参加できず	長い間自分の中で行けなかった。非行っていう名前のつく子じゃないわって。
学校からの指導	毎日子どもの問題行動の連絡を受ける	たばこ吸ってる，学校で暴れている……ほとんど毎日のように電話がある。
	家庭で指導するように	今日はこういうことありましたから，よくお子さんに話しておいてくださいと。
	親は躾せよと言われる	学校の先生は，とにかくきちんとした生活をさせてくださいって言う。
地域コミュニティからの排除	お母さん連中から避けられる	5，6人のお母さんが井戸端会議をしているんですけど，私が行くと，さあっと散る。
	子どもの迷惑行動で地域コミュニティから排除される	近所は辛辣で「出て行け」って電話がかかる。
	男性からは出て行けと言われる	「たいがいにして出て行け」っておじさん連中から言われた。
謝る	謝って，先生に反省文を書く毎日	最初は担任に謝って，学年の先生に謝って，自習に立ち会った先生に謝ってとか，今日はここまで謝って，反省文書いてっていうことを続けてやった。

ドを〈子の異変〉とし，「帰結」に該当するコードを〈子の受容〉とし，カテゴリー関連図を作成した（図7-1 子の受容に至るまで）。

　子の問題行動が起きた場合の地域コミュニティ・学校・専門機関と親と

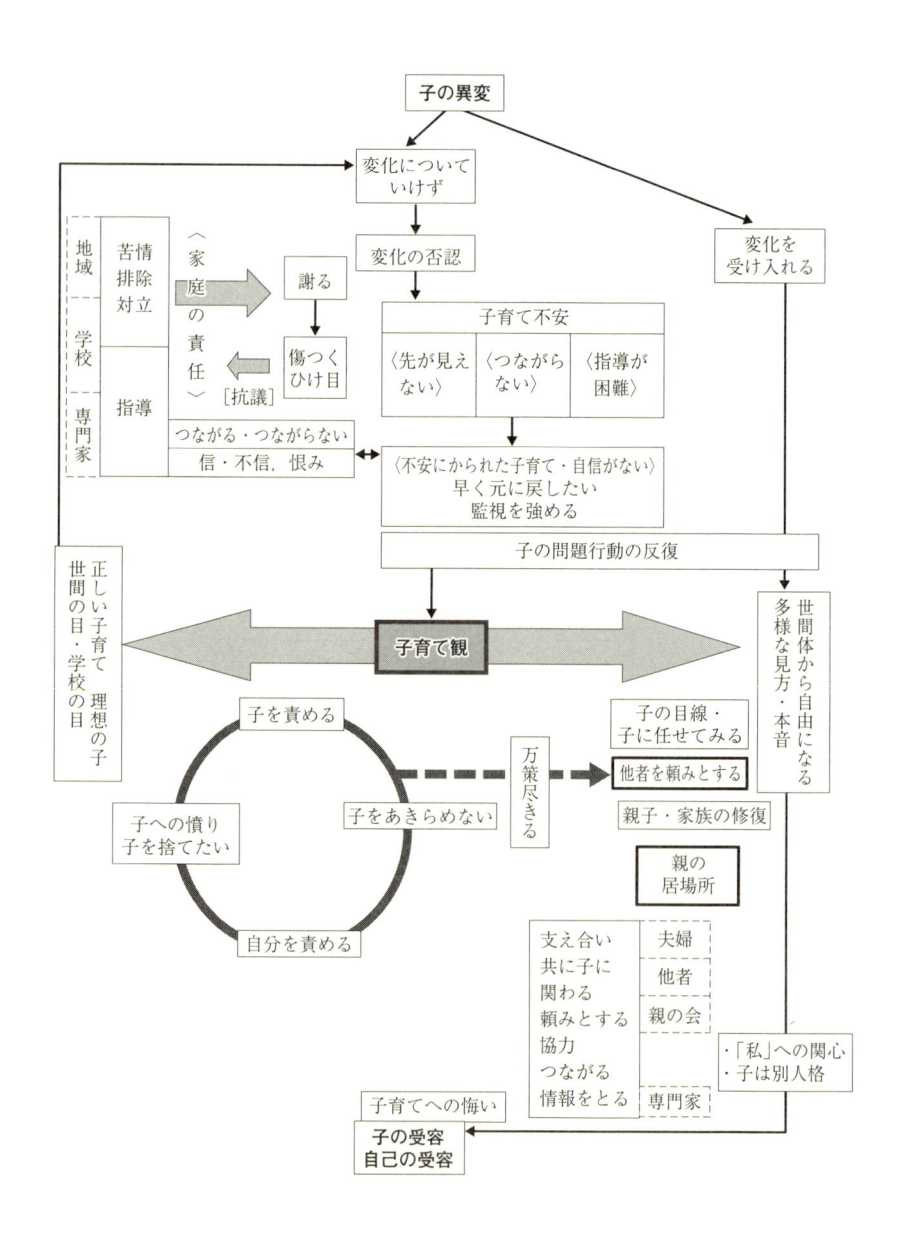

図7-1　子の受容に至るまで

の関係，その関係を受けて，親と子どもとの関係がどうであったのか検討する。子どもの問題行動により，地域コミュニティや学校から排除され，対立する関係になる。専門機関に支援を求めても，つながらなかったり，かえって指導方法に不信感を抱く段階が初期にある。程度の差はあれ，協力者全員が周囲との関係性から排除され，あるいは世間の目が気になったことを述べた。地域コミュニティや学校との関係の中で謝らなければならないことが重なり，傷つき，ひけ目に感じ，その結果不安にかられた子育てとなる。この時期に，世間の目を意識させられて，正しい子育てをしなければならないと考えたことを語った協力者が，4人いた。残る3人のうち1人は，専門機関を頼っても支援が得られず，子どもにはどのように指導したものか，とまどったことを述べ，正しい子育てへのこだわりというよりはヘルプレスな状況にあったことを述べた（B会H氏）。もう一人はたとえ学校や地域コミュニティから外圧があっても，それぞれの立場で見方は変わるものと割り切っていた（B会M氏）。B会M氏は，小学校時代に学級担任と子の学習方法を巡り対立した経験があり，教師からの指導をうのみにするのではなく，意見として取り入れつつも，子どもの特性を把握できるのは親であると考え，教師の意見を絶対とは考えない割り切り方法を身につけていた。残る一人の協力者は，学校や地域コミュニティにオープンな姿勢をとり，子育ての協力者と位置付けていた（D会G氏）。

　子は親との葛藤的な関係の中で，あるいは学校との対立した関係の中で，問題行動を反復する。子の問題行動の反復により親は，子の問題を正さないといけないと焦り，子に憤り，言うことを聞かない子を責める，あるいはうまくいかない自分を責めるという葛藤的な親子関係に陥る。この場合に親の内面で起きているのは，なんとか子どもを正さなければならないとする焦りであり，焦りを生みだしているのは学校・地域コミュニティ・世間の目である。葛藤的な親子関係に陥らなかったのは，多様な見方で子育てを行っていたB会M氏，葛藤的にはならなかったが，どうかかわって

良いかわからないとまどいを語ったB会H氏である。
　親子関係が葛藤的になればなるほど子どもは問題行動を繰り返し，さらに親は不安と憤りを高めるという悪循環に陥る。ではどのようにして，この悪循環から脱することができたのだろうか。悪循環が高じて万策尽きた時期に協力者は，救いを求めて専門機関を訪れたり，親の会を訪ねたり，夫婦で協力する試みをするなど，他者を頼みにしている。うまく他者とつながることができると，悩みを抱えてもらえる居場所を得ることになる。居場所は安心感をもたらす。また他者がわが子にかかわってくれることで，今までとは異なる視点が得られたと語った協力者もある。居場所を得たことと，他者がわが子にかかわり新たな視点をもたらしたことが効を奏して，正しく育てなければならないとする子育て観を緩めることができる。すなわち子どものあるべき姿にしばられるのではなく，子の目線で見たり，周囲の目線で見たりと，多様な見方ができるようになる。
　居場所ができると，〈本音〉でつながることができるようになる。〈本音〉でつながるとは，評価とは無縁のところで悩みを語り合うこと（A会R氏）や，他から得た知識ではなく自分の体験を語り合うこと（C会G氏），親子の間で率直に気持ちを伝え合うこと（D会G氏）を指す。〈正しい子育て〉と対置される親のあり方である。〈本音〉でのかかわりは，個々の親のあり方が受け入れられている状態において実現する。
　しかし，他者とつながることに失敗すると，先に述べたように不信感が高まり，親子の葛藤はさらに進むこともある。子の受容に至る過程は一朝一夕には達成されない。この苦難に満ちた過程を支えているのが，〈子をあきらめない〉気持ちである。子を捨てたいと思ったことがあると語った協力者は，子をあきらめない気持ちで，困難な道のりに耐えたとも語っている（E会M氏）。親自身の中でも，捨てたい気持ちとあきらめない気持ちがあり，葛藤を抱えていたことがうかがえる。
　子の受容に至る過程で，自分自身に関心を向けるようになったことを

語った協力者があった。たとえば自分の原家族との関係について見直す（D会G氏），非行問題に関する勉強を始める（C会M氏），少年院の面会の送り迎えを利用して道中での楽しみを見出す（E会M氏）。このように子どもは別人格と考え，子どもなりのあり様を見出すようになると，自分自身にも関心が向かい，かつ自己のありようも受容できるようになる。親が子を受容する過程は，自己の受容の過程とパラレルである。

第4節　考　察

1. 子を受容するまでの親と社会との関係性と，それに伴うイラショナル・ビリーフの変容

　村瀬（1997, p137）は，非行を含む，児童期・青年期の問題を抱えた子を持つ親の心境を，「親も子も渦中にあり，自失の態である」と述べ，問題が長期化する中で，不安，焦燥，後悔，自責，恥，怒り，恨み，抑うつ感が高じること，自分自身に深くまつわることであるのに，自分の努力が直接的に結果に現れるとは限らないもどかしさ，無力感，自信喪失に陥ることが多いと述べる。親としてのもどかしさ，怒り，恨みとともに，無力感や自信喪失感など負の情動に占められている親に，どのような支援が有効であるのか。

　この負の情動に占められている親とは，子の異変を目の当たりにし，社会から「家庭の責任」を問われているかのように感じている親である。この段階の親は，世間に批判されないような正しい子育てを求めていることが明らかになった。内面の不安をなだめ，世間に向けて取り繕う姿勢から，内面と外面にかい離がみられ，自己疎外に陥っていると考える。親支援では，世間から見た「正しい子育て」観が，親の自己疎外を理解するうえでの鍵概念になると考える。括弧つきの正しい子育てとした理由は，外見上

は正しい子育てに見えたとしても、実際には正しい方向には機能しないであろうと考えたからである。世間一般の「正しい子育て」が、わが子にとっては「正しい」とは限らないことへの気づき、誤った信念からの解放が、自信を失った親が回復する過程においてみられたことから、信念の持ちようがどのように変化するのかに注目し、論理療法のイラショナル・ビリーフの概念で「正しい子育て」を捉えることとする。「正しい子育て」からの解放が、社会とのかかわりでどのように変化するのか、検討する。

　考察を進めるにあたり、図（7-1）で示した〈子の異変〉を受容する経過について、親と社会との関係の変化、それに伴う親の子育て観の変化の二点に絞り、図を簡略化した（図7-2）。「子育て観」は、正しい子育てに向かってイラショナル・ビリーフに「縛られる」方向と、多様な見方に向かって「ゆるむ」方向がある。顔の見える関係において、子どもも自己も受容できる子育ては、自信を回復している状態にあると考え、「子育てへの自信」とし、「子育て不安」に対置させた。

　子の問題発生時に見られる親と社会との関係、それに対して子の問題を受容しつつある時点で見られる親と社会との関係に、それぞれ特徴的な関係性があると考え、取り出し、次のように命名した。子の問題発生時に見られる親と社会との関係については孤立の三角形（①）、子の問題を受容しつつある時点で見られる親と社会との関係には、他者を頼みとする三角形（②）と名付けた。

　①の孤立の三角形では、地域コミュニティや学校から子どもの問題行動について指導を受け、苦情を受ける。それに対して親は正しい子育てをしなければならないと考え、努める。しかしうまくいかないといっそう子育て不安が高まる。問題行動がおさまらないと地域コミュニティや学校から排除されるおそれが生じ、親は孤立へと追いやられる。親は、もっとも身近である地域コミュニティや学校から援助を受けるどころか、孤立する。身近にありながら、気持ちの疎通性に欠けるため、この時期の親は社会と

第7章　非行の親支援

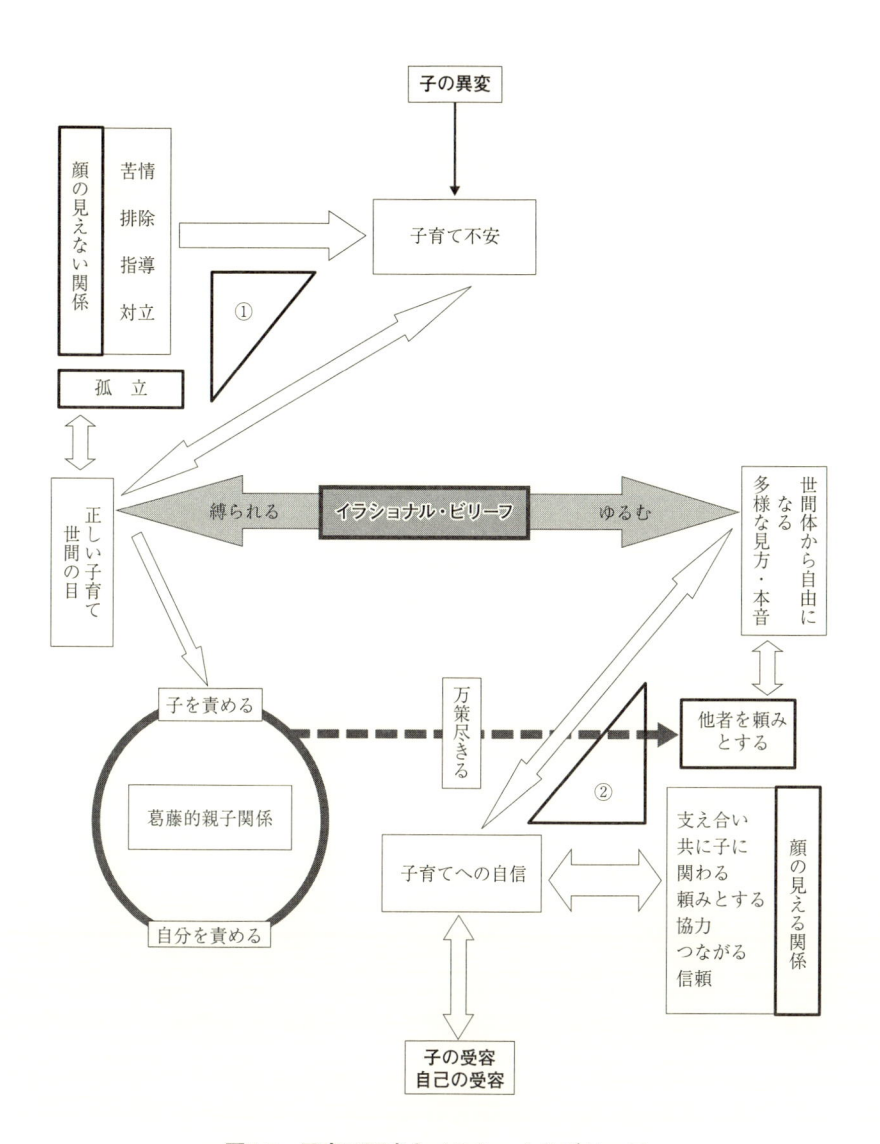

図7-2　子育て不安とイラショナルビリーフ

「顔の見えない関係」にあるとした。親は社会から認められようと，正しく育てなければならないと焦り，子を責め，自分を責め，親子関係は葛藤的なものになる。

②の他者を頼みとする三角形では，顔の見える相手を頼みにしようとする親の動きに始まる。そこで「支え合い」，「共に子にかかわる」，「つながる」などを体験すると，多様な見方を取り入れることができるようになり，今まで否定的にしか見られなかった子どもや自己の在り方を肯定することができるようになる。その結果子育てへの自信が生まれる。自信は，あらたな相互的な関係へと開かれる。他者を頼みとする関係性から，「子の受容」，「自己の受容」が生まれる。

次に，親と社会との関係性の変化に伴うイラショナル・ビリーフの変化を取り上げる。①に対応する子育て観には，世間の目に縛られ，正しい子育てをしなければならないとの思い込みが見られた。一方②に対応する子育て観には，多様な見方を取り入れ，画一的な子育て観がゆるむことが見られた。

では，①から②への変化はどのようにして引き起こされるのであろうか。その経過をたどったところ，葛藤的な親子関係が行き詰まり，親の指導だけでは状況の打開ができず，万策尽きて他者を頼みとする流れがあることが明らかとなった。

2. 親の養育態度の背景にあるイラショナル・ビリーフと世間の目

子育ては，社会に適応するように育て上げる目的を担う。そのことから子育ては，生活する地域コミュニティや国家の価値観，規範性，慣習，あるいは世間の目などに縛られる。社会が予定した人に育てなければならないとの，共有された，ふだんは意識されない縛りが子育てに影響を与える。この縛りは，社会に共有されているものであるだけに「正しい」が，個々の親子を幸せに導くとはいえない。非行の問題を抱える親子にとっては，

この世間の縛りが親子の在り方を機能的でない方向に追いやるのではないかと，本章の結果から考える。その流れを，イラショナル・ビリーフの概念を用いて整理する。Ellisによって提唱された論理療法によると，人間の悩みは出来事や状況に由来するのではなく，出来事をどう受け取るのかという受け取り方に左右されると考える。この受け取り方のことをビリーフという（國分，1999, pp15-28）。ビリーフには，ラショナル・ビリーフとイラショナル・ビリーフがある。北見（1981）は，EllisとHarper（1975）の『論理療法──自己説得のサイコセラピー』の序において，論理療法では，ものごとの非論理的な受け取り方を修正・転換することに焦点があてられると述べている。しかし論理的であれば良いかというとそうではなく，「極度の合理性，あるいは強迫観念につきまとう'合理性'は実は非論理的」であり，人間の幸福を助ける'本当の'論理性とは似て非なるものであるという（Ellis,A. 1975=1981, p100）。DrydenとDiGiuseppe（1990=1997, p4）によると，"ねばならない"や"〜すべきである"という文章形態をとった信念を，イラショナル・ビリーフと言う。すなわち，極端に合理性を追求したり，正しさにこだわる人生への対処法は，イラショナル・ビリーフとなる。次に述べるように，本章で取り上げる子育て観には合理性の過度の追及があると考え，イラショナル・ビリーフと位置づける。それは，次のような流れの中に読み取れる。〈子の異変〉は，学校や地域コミュニティ社会にとって正されなければならない問題であるために，親は養育責任を問われる。子どもが非行を起こしたことにより，「育て方が悪い」と非難され，あるいは直接，非難されなくても，親としては〈世間の目〉が気になる。その結果，〈早く元に戻したい〉と思い，元に戻らない子に〈憤り〉，〈責め〉，〈監視を強める〉。極端になると〈子を捨てたい〉と考える。そして子育てがうまくいかなかった〈自分を責める〉。このように現実の姿を否定し，あるべき子育て観を追及する信念は，まさにイラショナル・ビリーフといえるであろう。

佐藤・小森・中村・仲村・中山（2001）は子育てのイラショナル・ビリーフについて，自分の母親に認められなければならない，周囲の期待や要請に応えなければならない，悪いうわさになってはいけない，世間的な慣習，常識を守らなければならない，どんなことにもがんばらなければならないなどがあることを見出した。この結果は，本章と重なる部分が大きい。これらの研究からいえることは，子育てという営みは，世間の目の縛りを受け，道理や正しさを過度に追及する危険性をはらむものであるということである。子どもが反社会的な問題行動を起こせば，なおいっそう正しく育てなければならないとのイラショナル・ビリーフは強化される。
　ではどのようにしてイラショナル・ビリーフは緩むのであろうか。

3．非行の親の会の相互支援とイラショナル・ビリーフの変容過程
1）イラショナル・ビリーフの変容が先か，親と社会との関係性の変容が先か

　イラショナル・ビリーフに縛られている状態とはたとえば，「子の非行問題で社会に責められている苦しさ」，「加害者の親を責めないで」ほしいという気持ちであり，その結果子どもの〈監視を強め〉，子の問題行動の改まらない状況に対して〈子を責める〉，〈自分を責める〉。逆にイラショナル・ビリーフが緩むとは，「素直に謝ってみると声が掛かり，安心する」，「（子を）母親の小さな枠に閉じ込めようとしていたことに気づく」，「親であってもどうしようもないことを認める」である。それぞれの状態について，関係性の視点から捉えなおしてみる。イラショナル・ビリーフに縛られている状態では，近所の目を避けたり，学校に顔を出せなくなるなど，非難されるおそれから外の世界とのかかわりを避け，閉鎖的な親子関係となっている状態である。閉鎖的な親子関係では，親の〈先の見えない不安〉は怒りに転じ，怒りの矛先は子どもや自分に向かう。それに対してイラショナル・ビリーフが緩んでいる状態では，親子関係以外への関係性にも開か

れ，親として子どもにできることは相対化されて，受け入れられている状態である。

「孤立の三角形」から「他者を頼みとする三角形」への移行，それに伴いイラショナル・ビリーフの緩みが見られる。このことからイラショナル・ビリーフの緩みを支えているのは，親が頼みとすることができる存在，親を支える存在であることがわかる。親と社会の関係性の変容が先んじてあり，それに伴い，イラショナル・ビリーフが緩むと考える。

2）親の会における相互支援がイラショナル・ビリーフに及ぼす影響

協力者達がもっとも頼みとしていたのは，親の会の相互支援であった。そこで親の会の相互支援がイラショナル・ビリーフの変容に及ぼす影響を考える。

第一に，対等な関係性がもたらす安堵感である。悩んでいる親は，まず親の会の窓口に電話をかけて相談する。そこでは「アドバイスせずにじっと聞いてくれる」ことに親は心を動かされ，今までの指導される関係との違いを体験する。はじめて心を開くことができ，「（一緒に）泣いてくれた人だから，経験した人」であろうと，同じ悩みを持つ者同士であるからこそ理解してもらえる安心感，信頼感を体験する。親の会の相互支援が持つ強みは，苦しい体験を共有している点にある。三島（2007, p228）は，セルフヘルプ・グループの強みについて「援助の与え手と受け手が共通の問題を抱えており，そのことから生じる深いレベルでの実感を伴う共感と内的理解」が，やっと自分の苦悩をわかってもらえたという深い安堵をもたらすと述べる。実感に支えられた深い共感が，何よりもの支えとなる。さらに相互に同じ悩みを持っている点では，援助する側もされる側も対等である。批判をされることも，教えを受けることもない対等な関係性においてはじめて，今まで世間の目を気にして着けていたよろいをはずすことができ，子育ての不安，子への憤り，社会から疎外される孤立感や恨み，専門家への不信などを，本音で語り始める。

第二に，多様な見方が得られる点である。複数の協力者が述べているのが，子どもの見方の変化である。他者の新たな視点を提供されることで，子どもへの見方を広げることが可能になったと述べている。多くは，子どもの良い点への気づきである。「親同士の話し合いで互いの子どもの良いところが見える」，「見方が広がることで，子どもの味方になることができる」との発言がある。新たな視点を得ることで，親の狭い枠組みに閉じ込めようとしていたことへの気付きが生まれ，イラショナル・ビリーフが緩む。多様な見方は，子ども以外にも及ぶ。親の会で教師と協働関係を組むことで，中学時代にはわが子について理解してもらえないと考えていた教師像が変化し，「学校の先生の見方も理解できるようになった」と回答した協力者があった。また，以前は専門家不信に陥っていたが，多様な視点を得ることで，あらためて「専門家の言葉の意味を振り返る」ことをしたと回答した協力者があった。一つの視点にこだわらない多様な見方が，〈世間の目〉に縛られて見えるものも見えなくしていたイラショナル・ビリーフから解放する。

　第三に，〈本音〉のかかわりである。親の会では〈本音〉が重視される。〈フランク〉も同義に捉えて，〈本音〉に含めた。協力者は，「本音での話し合いを望む」，「会の感想をフランクに言えて楽になる」と述べており，親の会では本音の交流が期待されており，〈本音〉でかかわれることに親の会ならではの意義があることが伝わってくる。〈本音〉が含意する点は，ふたつある。体験による語りと，役割に縛られない個と個のかかわりである。前者については体験的知識と言いかえることができる。セルフヘルプ・グループにおける援助の特徴は，体験的知識に根ざしていることにある（三島, 2007, p223）。期待されているのは専門的知識ではなく，体験から出た「本音」である。体験的知識は，「体験それ自体への，独自の問題解決」（三島, 2007, p223）をめざし，世間一般の正しさとは別のところに価値を見出そうとする。〈本音〉で話し合うとは，専門的知識によって一般化された解決

に頼るのではなく，独自の解決を求めようとする過程である。後者の「本音」の役割は，よろいをはずした個と個のかかわりを可能にする点である。たとえば，子の非行問題を卒業した親が渦中にある親に，「いずれ元気になる」と声を掛けるとするなら，それは他人事として捉えている言葉であり，言うべきでないとの意見があった。何かの役割や立場からではなく，同じ体験をしている者同士が自分の考えを率直に言い合うことからパワーを得ることができる。〈本音〉のつながりは，孤立感に苦しんでいた親が，人とのつながりを実感できる関係である。

　第四に，援助されるだけでなく，援助者にもなる点である。ある親は，子どもが非行になるのは親の責任であると，自分にも他人にも厳しい目を向けていたが，親の会の活動をとおして，非行化は子どもの性格にもよる部分がある，親を一概に責めるわけにはいかないと考え出し，自分にも他の親にも少しやさしくなることができたと述べている。同時にその頃，子どもと本音でかかわれるようになったと言う。Riessman (1965) は，「人は援助することでもっとも援助を受ける」と，ヘルパー・セラピー原則を打ち出した。役割の相互性は，自分が支援する側に回ることで，今まで「こうあらねばならない」と固定的に捉えていた親のあり方をゆるめることを可能にする。

4. イラショナル・ビリーフの変容がもたらすもの――子の受容と自己の受容

　「いつ頃から，ご自身の子育ての姿勢が変わったと思うか」の質問に，ある親は「子育てに，いい加減さが出たとき」と答え，施設にいる子どもの面会に行くついでに，旅の楽しみを見つけたことを語った。施設までの道のりは遠く，久々の子どもとの面会は，時間の制限や場の状況で会話がはずまず，心が満たされる体験とは言えなかったが，行き帰りになにがしかの旅の楽しみを見出すことで，面会が張りのあるものへと変化したと言

う。この時の気持ちの持ちようについて,「子育てにいい加減さが生まれた」と表現している。「いい加減さ」とは,親の責任として何とか親の力で立ち直らせようとする子育ての在り方を脱して,適度に状況に身を任せることではないかと考える。いわば〈正しい子育て〉であるイラショナル・ビリーフからの脱却である。

そのほかにも,子の問題をきっかけに自身の親子関係を見直してみようとした親,子どもの非行の悩みをどのように乗り越えたのか体験を伝えることで,同じ問題で悩む親の役に立ちたいと考える親など,子どもの問題を転機にして自分の楽しみや課題へと,自己の世界を開いている親たちがいた。「セルフヘルプ・グループへの参加を通じて,個人は,自己のシステムに変化を生じさせる。……それまでマイナスイメージでしか見ることのできなかった自己像が解体し,問題や問題を抱えた自己像の新たな見方を獲得する」と三島(2007, p218)は述べる。社会との新たな関係性の構築が,自己を受容する結果へと導いている。

世間の目に縛られた親から,「私」を取り戻した親へと変容するプロセスに対応するかのように,問題を持った子どもという見方から独自の存在としての子どもという見方へと,子どもの見方にも変化が生じている。子を受け入れるとは,親が世間の目から解放されて,「私」の視点で子どもの「問題」を自分の人生に組み入れることである。

第5節　本章の限界

本章は,子どもの反社会的問題で悩む親のイラショナル・ビリーフの変容を研究テーマとし,筆者の意向は母親に限られるものではなかったが,調査の呼び掛けに応じた協力者は,全員が母親であった。したがって得られた結果と考察は,母親に関するものと限定される。たまたま協力者が母

親であったというのではなく,親の会が,ほぼ母親で構成されているという現実がある。この現実をどのように捉えるのか,また父親と母親では養育態度,ビリーフ,社会とのつながり方が異なるのか,共通点はあるのかなど,今後の研究テーマとしたい。

引用文献

Dryden, W., DiGiuseppe, R.（1990）A Primer on Rational-Emotive Therapy. Writers House.（菅沼憲治訳（1997）実践論理療法―カウンセリングを学ぶ人のために. 岩崎学術出版社）

Ellis, A., Harper, R.（1975）A New Guide to Rational Living. Wilshire Book Company.（北見芳雄監訳（1981）論理療法―自己説得のサイコセラピー. 川島書店）

戈木クレイグヒル滋子（編）（2010）グラウンド・セオリーアプローチ―実践ワークブック. 日本看護協会出版会.

國分久子（1999）イラショナル・ビリーフの特徴. 國分康孝編：論理療法の理論と実際. 誠信書房.

三島一郎（2007）セルフヘルプ・グループ. 日本コミュニティ心理学会編：コミュニティ心理学ハンドブック. 東京大学出版会.

村瀬嘉代子（1997）子どもと家族への援助―心理療法の実践と応用. 金剛出版.

中田智恵海（2009）セルフヘルプ・グループ―自己再生を志向する援助形態. つむぎ出版.

能重真作・浅川道雄・春野すみれ（2004）いつか雨はあがるから. かもがわ出版.

Riessman, F.（1965）The "Helper" therapy principle. Social Policy, 16, Fall, 15-21.

佐藤郁哉（2008）質的データ分析法―原理・方法・実践. 新曜社.

佐藤和子・小森久美子・中村智子・仲村三枝子・中山和代（2001）親から私達に伝えられたもの,私達が子どもに伝えたもの―カウンセリングを学んで変わったこと. 信州大学教育学部附属教育実践総合センター紀要, 2, 113-122.

嶋崎理佐子（1998）家族援助における親の会の役割―歴史的変化に応じた援助システムの展望. 発達障害研究, 20（1）, 35-44.

表 7-2　逐語録のコーディング　オープンコーディングから焦点的コーディングへ

焦点的コーディング	オープンコーディング
子の異変	坂道を転がり落ちるような変化, 帰宅が遅くなる, 突っ張りの顔立ちをつくる, 万引きの誘いを受けていた
変化について行けず	自分の人生では想定外, 子どもが友だちに万引きさせたことにショック, 非行化が納得できない
変化の否認	うちの子は非行でないと思い, 親の会に入会せず, 子に手をかけようと一瞬思うが, 手をかけずに過ぎて行く, 子の非行を認めるようで, 親の会に参加できず, 非行の原因は, けがのせい, 子どもの問題を認めることができると早い
学校からの指導	毎日子どもの問題行動の連絡を受ける, 家庭で指導するように, 学校からの指導がストレス, 親は躾せよと言われる, 学校の立場で子を責める
学校からの排除	登校すると監視役の先生がつく, 不登校を続けても連絡がない, 授業妨害する子は学校に入れない, この地域コミュニティでは住めない
学校との対立	非行の子は学校から誤解を受け易いから次第に構えるようになる, 中学になると子どもの個性が認められない
地域コミュニティからの苦情	自宅がたまり場となることに自治会から苦情
地域コミュニティからの排除	お母さん連中から避けられる, 子どもの迷惑行動で地域コミュニティから排除される, 男性からは出て行けと言われる
地域コミュニティでの対立	子どもの仲間の親同士は足の引っ張り合い
専門家への不信, 恨み	専門家の相談で傷つく, 専門家はわかりきったことしか言わない, 相談しても的確な回答がないことに失望, 学校に対応してもらえない恨み, 不登校を続けても連絡がない, スクールカウンセラーに母親の育て方が悪いと言われる, 本で読んだことばかり言われ, 腑に落ちない, 納得のいくまで相談しようとすると, その態度が問題と言われる, 批判だけでなく, 対応策を聞きたい, 子の状況を理解しようとしないステレオタイプな相談態勢, 学校には親の悩みが伝わらない, 一時的な親の姿しか見ていない, 傷ついても良いから胸に残ることを言って欲しかった, 親の会に専門家が加わると運営がうまくいかない
学校への抗議	うちの子も同じ中学生なのできちんと連絡をとって欲しいと言う, 卒業式に出させてくれと抗議する
謝る	謝って, 先生に反省文を書く毎日, 親は謝らなければならないことが多いので, 精神的にきつい, 子どもが迷惑をかけて, 親は頭を下げて回る
家庭の責任	育て方が悪いという言い方がつらい
抗議	学校に, 「うちの子も生徒なんだから, なんとかしてよ」と言う, 子には, 学校でうまく立ち回るように言う, 子どもは親の注意に生返事
指導が困難	非行の子は周りに迷惑をかけることが多いので, 嫌がられる

第7章 非行の親支援

子育て観	社会とつながって子育てすれば、子はちゃんと育つ、子育てに何が欠けていたのか、子どもは、親の枠を次々と打ち破る、自分の型にはめた育児
理想の子	理想の子ども像
正しい子育て	非行に走らないように厳しく育てる、子育ての様子を監視されているみたい、理想に合わない子に育ったと心配、専門家から親としてできていないと言われる、何をしても母親の子育てが悪いと言われる
子育て不安	子どもをどっしりと見てられない、子どもの心が見えなくなる、腫れ物に触るように接してしまう、自分と子どものつながりに自信がなくなる
つながらない不安	子どもとの会話が途絶える、様子がわからない不安、子どもとどのように向き合ったら良いか自信がない、子が信用できなくなった、子にかかわろうとすると、嘘をつかれる
先が見えない不安	先行きのわからない不安に引きずり込まれる、底なしに悪くなる不安、誰にも相談できない孤立感、親の会では満足できる答えが得られない、将来の不安から怒り過ぎ
不安にかられた子育て	専門機関巡り
家庭の責任	世間ではうまくいかないことを噂し合う、子の非行問題で社会に責められている苦しさ
世間の目	WEB上でのバッシング、地域コミュニティから何も言われなかったことがありがたい、近所の目は気にしても仕方がない、世間並みを求めると傷つく、加害者の親を責めないで、学校に行けなくなる、同じ学年の母親と近所で会うのが苦痛、親の会のエリアを広げることで情報が筒抜けになる抵抗感を薄める
監視を強める	不安から子の携帯をチェック、子を探しに出る、子どもの部屋を無断でチェック、
子への憤り	子どもはなぜ変わらないのか、どうすれば良くなってくれると問いつめる、子どもへの怒りが心配に転じる
子を捨てたい	息子いらんと思った
子を責める	学校から問題行動を聞かされると子を責める
自分を責める	子育てがうまくいかなかったのは、自分に原因がある、うまくいかない状況を前にして自分を責める、子どもが逮捕されて自分を責める、自分が子どもを受け入れて行くことで悪化を防げたはず
早く元に戻したい	早く子どもを元通りにしたい、早く何とかしなくてはとあせる
揺らぎ	子を施設に入れたくないけれど、それは自分の世間体の反対かと自分の中で揺れ動く、死んでくれた方が良いと思ったり、かわいいと思う気持ちが湧いたり、

支え合い	悩む過程で誰かと思いを共有したい，同志の頑張りに励まされる，悩みに軽い重いはない，親同士が仲間としてわかりあう，仲間がいると思うことで，子どもの変化を受けとめることができる，お互いを好きになり自分を好きになる，親同士交流して，同じ問題を抱えていることを確認する，落ち込んだ時に聞いてもらえる，アドバイスせずにじっと聞いてくれる，泣いてくれた人だから，経験した人，グループで悩みを出し合う，親同士連合を組む，会結成で子どもを見捨てない気持ちが支えられる，うちの子だけじゃないことに気付いて救われる，少年院での体験談が同じ立場の親を救う，社会復帰の情報を伝える，親の会では体験から学ぶ，他人の手を借りないとどうしようもない，自分にやれることがなかったら人に頼めば良い，人が信用できる強み，見方が広がることで，子どもの味方になることができる，親同士の話し合いで互いの子どもの良いところが見える
他者を頼みとする	信用する力の強さ，子どもと距離を置くことで自分を見つめ直す，父は子どもの理解者，素直に謝ってみると声が掛かり安心する，近所は温かい，子どもと祖父のつながりを大切にしたい，学校からはみ出た子を受け入れるフリースクール，家庭訪問してくれた担任が子どもの拠りどころ，NPOにかかわる，親の代わりにいろんな大人がかかわってくれる，親だけで子を育てることは無理，子ども担当の支援者に会い，自分一人で向き合わなくて良いことを実感，親と別の視点で子に話して欲しいと他者に頼む，子どもが母の支援者に会う，子どもを育てるのは親だけではない，子もたちを地域コミュニティみんなでみて行く，教育相談，電話相談，こども支援センターに相談に行く，公の相談センターを信頼し，訪ね歩く，指導方法に悩み，警察にアドバイスを求める，あらゆる相談機関を訪ねる，説明だけでなく，子どもを直してほしい，親の相談をしてくれる人に出会う，施設に預けるときも警察がサポート，子どもも親もあちこちに相談の手紙を出していた，地縁もなくたまたま出会った専門家を頼りにする，フラットな対応の専門家に救われる，専門家からのアドバイスが帰って来ないのは，絶望的ではないということ
親の居場所	子育てを振り返るには居場所が必要，自分自身の不安を出せる場が欲しい，聴いてもらえる場が親たちには必要
協力	親と教師が共同して子育てする大切さ，最後まで子にかかわるのは親，教師のかかわりは一時的，どんどん学校へ行き相談，弁護士が支援者に加わる，専門家と親たちの集まり，専門家がいたので親の会の立ち上げができた，弁護士も親の会に加わってくれて心強かった，先生の指導にありがたい気持ちがあるから，子どもに頑張ろうと言える

第7章　非行の親支援

つながる	自分の子育てのあり方から考えることでつながる，地域コミュニティの知り合いとしょっちゅう顔を合わせる，ざっくばらんに子どものことを打ち明ける，どのように育てたのか,それでどうなったのかと相談
多様な見方	学校の先生の見方も理解できるようになった，子にかかわってくれた大人から新たな見方を得る，子どもは決まり切った枠に入らないだろうなと思う，子どもとのふれあいを大切にする担任は，子どもの良い所を見てくれた，問題行動を起こしても問題視しないこともある担任の姿勢に感謝，その立場にならないとわからないこともある，親の礼儀が子どもの世界では通用しない，母親の小さな枠に閉じ込めようとしていたことに気付く，時間がたって，専門家の言葉の意味を振り返る，不安は愛情と一緒だからと言い聞かす，他の母親が専門家で傷つくという話を聞くと性格の違いなのかと思う，タイプの違う親の会があっても良い，非行は親の責任だけではない，子どもの性格もある，自分にも他の親にもやさしくなれる，親であってもどうしようもないことを認める，子どもを見ていて自分とは違う生き方を認めざるを得ない，子どもの成長で他の親のあり方も認められるようになる，成功しなくても着実に生きて欲しい，子どもオンリーではない余裕，子育ての苦労もひとつの経験として楽しむ，子育てにいい加減さが生まれた
親子関係の修復	親の態度が変わると子どもも変化，母親が変わるとうまく行く親子関係，支援者を通じて子どもとつながれた，子どもの言葉で2人で家庭をつくれた感じ，両親にきちんとものが言えるようになる，やっと親から独立できたと実感，親に対して自分を出せるようになる，夜を徹して話し合う，正直に言ってもらう，子どもの非行は親の責任だと思う，子どもに見捨てずにいてくれてありがとうと感謝される，普通の親子関係にやっとたどり着く，夫に子ども対応を頼む，父の言葉が子に響く，
夫婦で協力	夫婦合作で子どものレポートを作成する，夫だけは私を責めない，母に代り，父が様子を見に行く，子どもの様子を見て，子のためにならないと方針を変える，
子の目線	問題行動を起こしている子どもを見て，楽しいだろうなと思う，授業が面白くない子どもの気持ちがわかる，学校に行きたがらないことにも何かあるだろうなと思う，子どもにとったら，親の熱意からの行為が重たく感じられたか，子どもは家が窮屈でSOSを出していたのかもしれない
子に任せてみる	子の生き方に口を挟まない，子の意思，突拍子もないけれどあえて反対せず，とりあえずの無事を祈って子の帰りを待つ
子育ての悔い	子どもが中学時代にうまく対応できなかったことを悔やむ，息子に余計な苦労をさせたことがつらい，もっと早く気付けなかったことが残念

子をあきらめない	子どもにはどん底に行かせたくない，子どもを見捨てることはできない
親の会	会を運営するのは母親自身，親の会を立ち上げる，親同士が話し合える場をつくりたい，親同士で共通点，違う所を話し合いたい，非行の親の会は，親が参加できることが基本，世話人が専門家になることには反対，子どもの問題を非行と認めることでつながれる，親の会は，悩んでいる人が作るもの
万策尽きる	子どもの人生とともに自分の人生もおしまいと思いこむ，親としては何もできない。生きていてくれれば……，子どもとの生活に限界を感じ家を出る
本音	子どものためにならないと思い，先生にできないと言う，物分かりの良い親のふりをして子どもにかかわる，親としての体験をフランクに話し合いたい，本音での話し合いを望む，親が本音で話し合わないと子どもは迷う，何が正しいのではなく，本音で意見を出し合うことがうれしい，会の感想をフランクに言えて楽になる，いずれ元気になるというのは他人事，他人事ではないべたな話し合い，子どもに親として自信がないことを本音で伝える，責められないから話せる，不安を押し隠して励ますことは逆効果，親は自分の不安を子に伝えれば良い，親の会ではアドバイスはしない，経験談を話す，子どもの自立につながる本音の話し合いができるところ
子は別人格	子は親の所有物でないことに気付く，子どもの気持ちは子どもの気持ちとして尊重できるようになる，子どもの意思が明確になり，親の限界を知る
子の受容	子どもの判断を尊重し，よき協力者でありたい，子どもの生き方を認められるようになる，子どもとの関係が良くなると，子どもは少しずつ立ち直る
「私」への関心	一歩踏み出して非行支援の勉強を始める，子どものいない間に子どもの権利の勉強を始める，今までの子育ての中でやって来なかった勉強，自分の心にも栄養を与える
自己の受容	今の時点で自分にできることはないのかもしれないことに気付く

終 章

非行少年の立ち直り支援

第1節　少年の視点に立つ統合型立ち直り支援の必要性

　本書において立ち直りには，自己疎外・家庭内疎外と社会的排除からの回復過程が基盤にあると考えた。
　第3，4章で述べたように，非行化の発現に，自己疎外・家庭内疎外がかかわっているが，さらに非行を起こしたことにより，社会的排除を受け，少年も親も地域コミュニティ，学校，専門機関とつながりにくくなることが見出された（第5章）。
　自己疎外・家庭内疎外と社会的排除が悪循環をする現象から，一領域だけの支援に留まると，悪循環を断つ支援にはつながらないことが明らかになった。たとえば少年院では内省が深まり，教育成果を上げていたとしても，地域に戻ると不良交友に引きずられて再度非行化する現象はよく目にする。第1章で取り上げた山地の例のように，少年院を出院した後の受け皿がまったくと言ってないほど整っていないとするならば，社会の中で生きることが大変難しいことになる。少年院の教育だけにとどまらない，統合的な支援の構築を考える必要がある。すなわち，処遇終了後のその先に

つながる支援のあり方が必要となる。

　施設教育と社会内処遇の連結に関する課題については，すでに論じられており（正木，2009, p82；小長井，2009, pp110-111；奥村，2004），また双方の橋渡しとなる受け皿も設置されつつある。たとえば受け入れ環境が調わない少年の出院後の受け入れ先として，就業支援センターが用意されており，施設と社会を結ぶ中間施設として位置づけられている。これらの受け皿が少年の立ち直りに重要な役割を果たしていることは，論を待たない。

　しかし本書で取り上げようと考えたのは，少年の立ち直りを支える環境のかかわりがどのようにあるべきか，外側からの見方ではなく，少年の視点で捉え直すことにあった。少年が自己疎外・家庭内疎外を抜け出し，社会に受け入れられ，その過程の中で非行を脱することができるには，どのような支援が必要であるのか。その検討のために，それぞれの領域における支援が，少年の立ち直り支援にどのように役に立っているのか，少年の視点から見直すことにした。

第2節　統合型立ち直り支援の鍵概念

　今までの検討から，自己疎外・家庭内疎外と社会的排除からの回復には，次の三つの概念が鍵となることを引き出した。

1. 個別性

　本書で取り上げる疎外感とは，周囲との関係から疎隔されている状況によりもたらされる孤立感や不安感，不信感などの情動反応，及び自我の統合性を欠いた自己疎外感を指すこととし，疎外とは疎外感を引き起こす過程を指すこととした。成長の過程において非行の発現をみると，事例Bからは，家庭内で疎外され，自己の否定的な感情を表出することができ

ず，自分でも否定的な情動を認めることができない経過を読むことができた（第4章）。事例Aでは，自分が受け入れられない不安から，自己の一部を否定して，その場その場で過剰適応する傾向があることを明らかにした（第3章）。両事例に共通しているのは，全体としての自分が周囲，とくに重要な他者に受け入れられない不安であり，ありのままの自分を，自分の中でも認めることができないでいる自己疎外感であった。

　では，疎外からの回復にはどのような支援が必要であろうか。取り上げた事例に関して，一対一の専門的な支援関係において何ができるのか検討したところ，事例Aでは，一律に社会適応することを良しとして求めるのではなく，一見適応的な行為として見えることでも，はたして少年にとっての生きやすさとなっているのかを見極め，面接者側からむやみに適応を求めないこと，そしてかりに過剰適応であったとしても，過剰適応が今の少年の生きやすさに必要な過程であれば，それも含めて少年を全体として受け入れることを続けることで，少年が安心できる居場所を面接関係の中に作ることができた（第3章，第6章）。また事例Bでは，法的な文脈での動機の理解ではなく，少年固有の動機を理解すること，生育史を少年自身がどのように意味づけているかを理解することから，薬物に頼らざるを得ない少年の気持ちを明らかにした（第4章，第6章）。世間一般の枠組みや法律の枠組みのみでみるのではなく，少年の個別性をすくいあげることが，立ち直り支援に重要となる。このような体験は，少年にとって，存在全体を認められる体験となる。例外はあるとしても，一律に扱うことが基本となっている司法・矯正機関ではことのほか，個別性への着目について注意喚起が必要である。

　親支援の検討からは，次のような点から個別性への着目が重要となると考えた。子どもの問題傾向が始まると，親は子育てを非難されまいとして，世間一般の基準に合わせようと子に対処しがちである。周囲から支援を受けるようになると，個としての母親の在り方がメンバーから支えられ，世

間一般の子育て観から自由になる（第7章）。個別性が尊重され，存在が周囲に受け入れられる点において，少年が専門的な支援関係において存在全体を認められることと軌を一にしている。

　したがって，周囲から個別性を認められ，存在全体を受け入れてもらう体験は，少年の立ち直り，親支援の核となる要素であると考える。

　個別性への尊重は，地域が非行少年を受け入れる際にも鍵となる。地域コミュニティのつながりが希薄となった現代社会では，非行少年はモンスター化された存在として捉えられる。少年を引受けることになる地域の立場からすると，施設帰りの少年を受け入れることに対して，強い排除感情を引き起こされるおそれがある（第2章）。このような事情を踏まえると，それでもなお地域が，少年を引受けることに踏み切れるのは，少年を個人的に知っており，交流のある者がいるという条件が整ったときになるであろう。

　少年と親の視点においても，引受ける地域の視点でも，処遇終了後の立ち直り支援は，個と個の結びつきで支えることが基本になる。

2. 相互性

　疎外，社会的排除ともに周囲との関係を断たれている状況である。一方，立ち直りとは，①自分の一部を否定したり，排除することから自由であること，すなわち自分を全体として捉えることができること，②社会とつながりがあると感じられること，③主体的に人生を営むことができることとした。すなわち，立ち直るには周囲との関係性を結び直す必要がある。前節で，個と個の結びつき，個別性を重視したかかわりが，疎外からの回復の基本になることを述べたが，個別性を重視したかかわりがどのように機能すると，疎外からの回復につながるのか，検討する。事例Aでは，周囲の期待を先取りして就職活動にいそしむ姿をみて，面接者が過剰適応を緩めようとすると，それではだめだと思うとの答えがAから返る。そのような相互的なやり取りの中から面接者は，過剰適応を止めさせればよい

というのではなく，過剰適応せざるを得ないAの内面を汲むべきであったことに気付かされることになる（第3章）。

B事例では，生育史の中で両親に不安を語ることのできなかった事実が語られ，さらに面接場面においても過酷な事実を淡々と語るBの態度から，弱音を吐けない点に注目するようになった。そこで，語られない寂しさや心細さを，面接者の想像で補いながら，生育史を聴き取ることに努めた。受けとめた感情については，表情やうなずきで返すようにした。その繰り返しの中でBは，置き去りにされる不安を言葉にして，薬物の使用動機として語ることができた。その言葉を受けて面接者は，Bの動機を現実感を伴って感じ取ることができた。一連の相互に活性化された関係性の中で生まれたアクチュアリティ（実動性）は，面接者とBに新たな気づきをもたらした（第6章）。

個別性に着目したかかわりが，相互性を伴って営まれるときに新たな展開を迎えることが，A事例，B事例から明らかになった。

子の非行で悩む親の中で，専門家の助言に傷ついた体験を述べた母親が複数いたが，支援者と支援を受ける親という役割関係の偏りにより，親が一方的に助言を受ける役割を担わされたことが影響していないであろうか。専門家の助言による傷つきを語った母親は，親の会での同じ体験を持つメンバーの言葉に支えられたと語った。三島（2007, p228）が述べるように「援助の与え手と受け手が共通の問題を抱えており，そのことから生じる深いレベルでの実感を伴う共感と内的理解」が，メンバー間で生じていたのであろう。共通する体験をもとに，相互に活性化された交流により，親たちは支えられた（第7章）。

以上より，関係の相互性が全体性の回復へと導く，特性の一つとなると考える。

3. 継続性

　筆者は処遇終了後のその先につながる支援においては，継続性が重要であると考える。A事例，B事例とも家裁における支援であり，期限付きであったため，保護者にいかに引き継ぐかが課題であった。第5章では，矯正施設からの退所プログラムの必要性を述べることで，機関から機関への継続的な支援の必要性について述べた。さらに本章では，継続的な支援の必要性について新たな視点，すなわち個別性・相互性から再検討する。その重要性を述べる例として，菊池寛の小説『恩讐の彼方に』を挙げる。加藤（2002）は，『恩讐の彼方に』を例に挙げ，次のように繰り返される相互の関係性の中で可能になる人間理解について述べる。「仇討ちの対象となる男は，毎年死傷者の絶えない崖縁の道の脇に隧道（青の洞門）をつくるべく，トンネル工事にひとり従事していた。追手の武士は，やっとの思いで見つけた相手ではあったが，工事の完成まで『命』の猶予を懇願され，それを認めた。武士はしかし，工事が早く終わればそれだけ早く仇討ができると考え，隧道工事を手伝うことにした。長い年月をかけて隧道は完成した。完成を迎えたとき，男は素直に討たれようとした。にもかかわらず，武士は刀を振り下ろすことはできなかった」とある。長い年月をかけた，武士と男の相互的な関係性により，敵，すなわち男は，新たな人物として追手の武士の中に生まれる。敵だけではなく，ともに作業を終えたものとして受け入れられることになる。この例に示されるように，加害者を理解するとは，個と個の継続的で，相互的な関係性の中で，はじめて可能になるものであろうと考える。

　このように少年が社会とつながり，自己疎外から回復することは，人とのかかわりを通して実現される。立ち直り支援には，固有の人との相互的で継続的なかかわりが欠かせないのではないかと考える。

　少年の処遇は，専門機関が実施する。しかし少年の立ち直り支援の目的を矯正だけでなく，少年の全体性の回復，社会との絆の回復を目的とする

ならば，少年とかかわりを持つ，固有の「人」が支援の体制に組み込まれる必要がある。

4. 司法機関・処遇機関における「個別性」，「相互性」，「継続性」

「個別性」，「相互性」，「継続性」の3概念は，司法機関における本来の機能とはまったく逆である点に注目したい。刑事裁判では，法律の条文と照らし合わせて，被告人の取った行動が，犯罪行為に当たるかどうか判断される。また被告人の生育史は，情状の判断材料になることはあっても，有罪かどうかの判断にかかわることはない。個別性は可能な限り捨象される。司法機関においては，判断者である裁判官は，被告人を対象として客観視する。被告人との間に何らかの関係性があることは判断をゆがめることになりかねない。相互性はないことが望ましいとされる。また，裁判で遡上にのるのは，犯罪を構成すると考えられる一連の行為である。判断に必要とされる行為は，的確に取り出される。「相互性」，「個別性」，「継続性」はないことが，裁判のあるべき姿である。行刑施設においても，これらの三概念と相反する性質が見られる。受刑者は番号で呼ばれ，囚人服を着用する。「個別性」はあえて否定される。刑務官と受刑者は，一定の距離を持ったかかわりであり，命令する，服従するといった一方向の関与である。「相互性」はきわめて希薄である。刑期が終われば出所する。保護観察が続く場合には，一部継続性は担保されるが，基本的に「継続性」は考慮されない。立ち直りに必要と考えた三概念は，すべて否定される。三概念がすべて否定される背景には，司法機関，行刑施設が負っている社会防衛的な役割があると考える。

しかし少年事件の場合には，少し状況が異なってくる。たとえば家庭裁判所は，保護処分を決定するために必用があると考える場合には，少年に対する終局処分を一定期間保留したうえで，その行動等を観察する試験観察という中間決定を行うことがある。家庭裁判所調査官は，この期間，少

年を静的に観察するのではなく，何らかの働きかけを試みながら，その動向を見守る。すなわち「相互性」が期待され，その結果どのように変化したのか，「継続」的な観点からも判断される。当該少年が，何を考え，どのように行動するのか，少年が抱えている問題とはどのようなものであるのか等，「個別性」に関心が持たれる。期間が限定されたかかわりである点で，「継続性」では弱いが，三概念は組み込まれている。

　少年院では集団処遇を基調としながら，個別の面談の時間もある。「個別性」への配慮がなされている。担当教官との密な関係性もあり，少年の作成する課題作文や日記には，担当する教官が丁寧なコメントを記入する。少年院を経験した少年の多くが，教官のことを懐かしく思い出すのは，教官との信頼関係があってのことであろう（「相互性」）。しかし期限が来れば出院する。出院した後，多くは保護観察により指導を受けるとはいうものの，処分終了後の「継続性」については，家庭裁判所の試験観察同様に希薄である。

　家庭裁判所での試験観察，少年院での処遇を例に挙げたが，少年司法では，未成年者の未成熟さや将来の可能性に配慮して，従来の司法機関，行刑機関が持っている枠組みとは異なり，個別性，相互性に配慮した取り組みがなされている。しかし状況によっては，教育的観点から社会防衛的な観点に振り子がふれる可能性もある。社会防衛的な基準と，少年個人の成長を期待するダブルスタンダードで動いているのが，少年司法・矯正機関の特徴である。

第3節　支援の三概念から導かれる立ち直り支援のあり方——処遇終了後の先へとつなぐ支援

1. 地域中心から人中心の支援へ

　保護観察は，地域に根付いた支援方法である。地域での生活に戻ることが予定されている場合には，地域に根差した支援方法は有効である。しかし非行事例では，今まで住んでいた地域に戻ることができない場合もある。家族が引受けられない場合には，地域と結びつくことが難しい場合が多い。また第7章でみたように，近隣の目が気になり，疎外感を強めることもある。地域は，抱え込む力も強いが，排除する方向に働くこともある。したがって，地域に根差した立ち直り支援を目指すことが，必ずしも有効であるともいえない。むしろ地域とは関連がない生活から始める方が，偏見を受けずに社会復帰を果たすことができる場合もある。

　今までの検討結果から，個と個の，相互関連性のある，継続した関係が重要な支援となることがわかった。そこで，地域に依拠した支援を講じる代わりに，少年を中心として，少年にとって意味のある人と人を結ぶ支援を核とする支援方法を検討する。人を核とする支援方法は，深刻な社会的排除を受けている少年の立ち直り支援として，機能し得るのではないかと考える。

2. 支援をコーディネートする

　個人が引受けるには，荷が重すぎる場合がある。第1章で紹介した山地のように，家族がいない，住む場所がない，職が定まっていない，重大事件を起こしているような場合が，その例である。このように多くの重い課題を抱えている少年を，家族の一員として引き取り，社会の一員として送り出せるまで面倒を見ようとするなら，その重責感に誰しもがたじろぐのではないだろうか。山地の今後を案じて，一時は引き取りを考えた者がいた。山地の母の兄である。伯父は自分の妹を山地に殺害されているわけである

から被害者でもあるが，少年院に面会に訪れ，励ましの言葉をかけている。しかし，いつまでたっても反省の言葉が聞こえないことに，引き取りは難しいと判断した。自分が引き取ることを考えるのであれば，立ち直る何らかの兆候を手にして，わずかでも安心し，大丈夫であることの保証を感じ取りたかったのではないか。母方伯父が，少年から反省の言葉が引き出せないことに将来の不安を強めていたとしたら，それは個人が何の支援もないままに，多くの課題を抱えた少年を引き取ることの不安からではなかったかと考える。後押ししてくれる支援者や専門機関が整っていたとしたら，どうであったであろうか。あるいは少年を引き取ったかもしれない。

第一の事件の時に付添人になった弁護士は，少年院出院後も，少年から連絡があれば，その都度相談にのっていた。もし，少年が追い詰められた状況にあることを打ち明けていれば，窮状から抜け出すアドバイスをしていたかもしれない。少年から連絡のなかったことを悔やむと，弁護士は後に回顧している。もし山地にとって目に見えるネットワークがあれば，いざというときにSOSが出せたかもしれない。

何人かの潜在的支援者をつなぐには，専門のコーディネーターが必要である。山地の場合には，伯父，亡父の知り合い，第一の事件の時の弁護士が，少年の行く末を気にかけていた。しかし各人がそれぞれ別個に心配をしている状況では，援助をしようとしても，なかなか支援として結実しない。このような場合に，コーディネーター役が人々を結びつけ，支援の輪をつくることはできないであろうか。

非行領域の実践の場では，少年の立ち直りにとって「出会い」の大切さは，すでに言い尽くされている感がある。しかし，それは少年の今後への期待に留まっていないであろうか。排除と疎外の悪循環が始まると，「出会い」の可能性はどんどんやせ細る。人為的にでも，「出会い」をコーディネートする必要がある。たとえ今は，「出会い」というに十分でなくても，誰かとつながっていることは，新たな「出会い」を生み出す可能性を宿す。

3. 処遇終了後の先へとつなぐ支援——人を組み入れた立ち直り支援モデルの提案

　社会的に孤立し，生育史上も疎外された体験を重ねた少年には，支援が長期にわたることが予想される。順調に進むかに見えた生活が，何かをきっかけに崩れるかもしれない。弁護士の岩佐は，中卒で，親もいない，ハイリスクの子どもが立ち直るには，少年院を仮退院して，10年，15年と責任を持って面倒を見る必要性を述べる（池谷，2009, p143）。

　現在の制度で，保護観察所だけが指導することは難しく，少年が仮退院するときに，民間の人も巻き込んで支えていくネットワークを作ることが必要と，岩佐は述べる（池谷，2009, pp143-144）。処遇が終了する前に，処遇が切れた後のことを見越して，支援を組んでおく。長期につきあうには，民間やNPOの支援機関の関与が望まれる。山地のケースでは，熱心に弁護士が見守っていることに注目し，心配してくれる人たちをコーディネートしていくことの重要性について，岩佐は提案している（池谷，2009, p144）。専門家とつながるネットワークが用意されて初めて，個人の引き取りの可能性が出てくる。社会的包括の定義にあるように，動員可能なさまざまな資源を提供・開発し，社会的絆を回復させることによって社会の周縁部から中心へと移行させる手立てをとらなければならない。

　社会的絆の回復には，専門機関や処遇機関とつながるだけでなく，固有の人とつながる必要がある。本当に手助けが必要であると感じた時に，支援が手の届くところにあるようにするために，少年を橋渡ししてくれる人につないでおく必要がある。人とつながることが，支援を生きたものにする。それは「継続性」を担保し，先につながる支援となる。少年院出院者が，「セカンドチャンス」というセルフヘルプ・グループを作っている。このような支援グループは橋渡ししてくれる人となり得るので，出院前教育に組み入れておくことで，「継続性」が期待できる。

　施設から社会に出ていくときに，徐々に支援・指導から離れて自立する

過程が準備されること，それが立ち直りの支援に必要となる。カウンセラーの信田は，池谷のインタビューに答えて，「段階的社会復帰」が必要と述べる。そのためには，民間の力が必要であると言う（池谷，2009，pp76-77）。

以上の論点から，処遇終了後の先へと続く支援とはどのような形となるのか，検討する。

現在の司法・矯正システムでは，処遇が終われば，支援も得られなくなる（図8-1）。支援を先につなげるには，公的な処遇機関のほかに，民間の専門機関やNPOなども加えて，支援を先につなげる工夫をする。さらに，固有の人とつながる支援を加える。そして全体の支援をコーディネートする役割を担う人を設ける。この支援をイメージ化すると，図（8-2）の左に示したように，少年を中心にして，人，処遇機関，民間の専門機関，NPOが支え，コーディネーターが統括するイメージとなる。

処遇が終了した後も，民間の専門機関やNPO，それらを少年につなぐ人が残れば，支援は先に続く。図（8-2）の左の円は処遇機関がかかわっている場合，右の円は処遇が終了した場合に想定される支援のモデル図である。左を「人－処遇モデル」，右を「人－援助モデル」と呼ぶことにする。

立ち直りの定義の中に，「社会とつながりがあると感じられること」，「主体的に人生を営むことができること」を入れている。「人－処遇モデル」では，処遇や支援を受動的に受ける存在であるが，「人－援助モデル」では，能動的に援助を引き出すことも行う存在として，少年をイメージしている。

現在の司法・矯正システムでは，人を想定しておらず，処遇終了後についての支援は念頭に置いていない（図8-1）。しかしながら立ち直りには，援助を受けながら社会への適応を図る段階が準備される必要がある。これをニーズの移動の点から説明する。「人－処遇モデル」では，国家のニーズに従い，処遇が実施される。しかし，少年もニーズを持っているはずである。たとえば生活に困ったり，人間関係につまずいたりする場合である。現在のシステムでは，処遇機関が，少年のニーズにも対応する。したがって処遇を

終章　非行少年の立ち直り支援

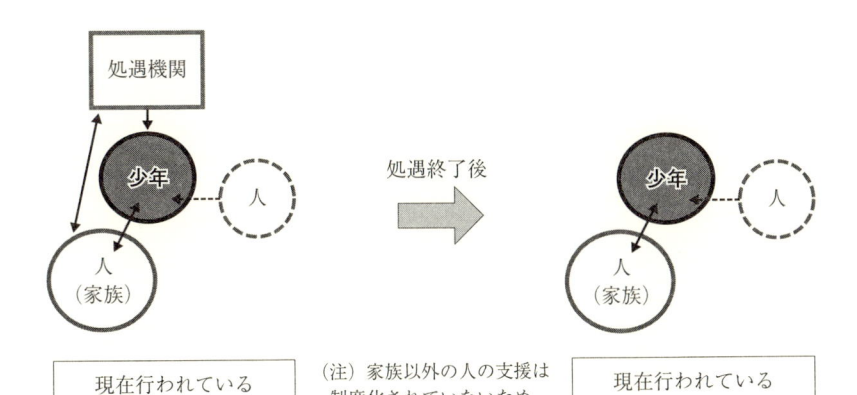

図8-1　現行の立ち直り支援体制

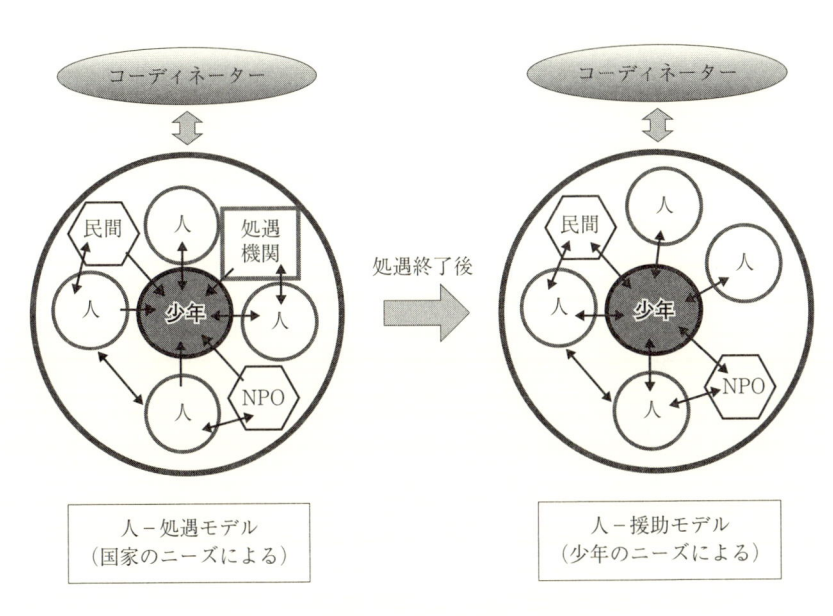

図8-2　人を組み入れた立ち直り支援モデル

受けている場合には，少年のニーズもある程度は満たされる。しかし処遇が終了した場合において現在のシステムでは，少年のニーズにこたえる機関は用意されていない。もし，援助する人も存在しない孤立した事例では，生活に行き詰ったとしても，相談を求めるあてがない状況となる。少年が社会的資源を探し出すことができなければ，社会的孤立に陥る。少年が未成熟な状態であることを考えるならば，処遇が終了した後に，少年のニーズに応える体制を検討する必要がある。それを「人－援助モデル」とした。

　少年の側から立ち直りを捉え直すと，処遇を受ける段階と，少年から援助を求める段階の2段階が必要となる。

4. ラップアラウンド・プロセスと本書が提案する支援の違いについて

　情緒面で問題を抱えていたり，発達障害のある子どもで非行の問題も持っている事例に対して，米国で取り組まれているラップアラウンド・プロセスと，本書で提案した「人を組み入れた立ち直り支援モデル」の共通点及び違いについて述べる。ラップアラウンド・プロセスとは，メンタルヘルス・児童福祉・少年司法など複数のシステムにまたがるニーズを持った事例を対象とする。このような事例にいずれか一つのシステムで対応しようとすると，部分的な働きかけしか行われないため，不十分な結果しか出せず，あるいは全体の方向性がみえないために安易に施設収容が行われる場合がある。このような安易な施設化を改善するべく，システム横断的な取組みとして生まれた（服部, 2010, p46）。ラップアラウンド・プロセスとは，「複合的なニーズを持つ子どもとその家族に対し，各種の公的なサーヴィスと親戚，友人，近隣の人々などの自然な支援を結び合わせながら，個別化されたプランを作成，実施することによって，その子どもと家族がコミュニティの中でよりよい暮らしを送れるようにするためのプロセス」である（服部, 2010, p57）。

　本書が取り上げる「人を組み入れた立ち直り支援モデル」との共通点，

異なる点について検討する。第一の共通点は，複合的なニーズを持つ事例を対象としている点である。深刻な司法事例では，抱える課題は一つではなく，司法・矯正機関だけではなく，医療機関や福祉機関の支援が必要となる。第二の共通点は個別化されたプランである点である。第三の共通点は，公的なサービスに人の支援を加えている点である。

　異なる点は，ラップアラウンド・プロセスは地域コミュニティに立脚しているが，本書で提案する「人を組み入れた立ち直り支援モデル」は，必ずしも地域コミュニティには拠点を置いていない点である。第二の異なる点は，「人を組み入れた立ち直り支援モデル」が人を核としている点である。地域コミュニティに拠点を置けない事例で，支援者が点在している場合に，支援を結びつけ，専門機関も取り込んでネットワークを構築する。コーディネーターがすべてを結びつけるのではなく，参加する人の力も借りて援助のネットワークを構築する点に，「人を組み入れた立ち直り支援モデル」の特徴がある。地域コミュニティ拠点ではなく「人」によってつないでいく支援モデルとしたのは，わが国の非行事例が社会的排除を受けやすく，地域コミュニティに立ち直りの拠点として期待することが困難である場合が想定されること，本書のテーマである自己疎外からの回復には，まずは少年にとって重要な人とつながることが，何よりも効果を上げると考えられることによる。

5. まとめと今後の課題

　第Ⅲ部までの検討で，立ち直り支援を構築する概念として，個別性の視点が確保されていること，個と個の関係が結ばれていることが重要であるとした。個と個の関係は相互的であり，継続することで立ち直りの支援となることを明らかにした。

　この過程を実現するための具体的な支援プログラムとしては，固有の人が核となることが必要ではないかと論じた。核となる人が，処遇機関・専

門機関・NPO の機関を，少年につないでいく「人を組み入れた立ち直り支援モデル」である。この支援モデルを活用すると，法的な処遇が終了した後も，支援を続けることが可能となる。また人を介在させてネットワークを構築していることで，徐々に変化するニーズに対応できる可能性が想定できる。すなわち処遇機関からの指導が中心である時期から，少年の主体性が芽生え，少年のニーズで生活を再建する過程までを，柔軟に支援することが可能となると考える。

　今後の課題としては，地域コミュニティでの社会復帰が困難である事例を対象に，「人を組み入れた立ち直り支援モデル」を実践し，支援を具体化することである。コーディネーターの役割については十分な検討ができていないが，支援を実践する過程で，コーディネーターの役割についても検討する。このモデルの実践をとおして，「人を組み入れた立ち直り支援モデル」が自己疎外・家庭内疎外と社会的排除の悪循環にどの程度有効であるのか，課題は何であるのか検討したい。

引用文献

服部朗（2010）少年司法とラップアラウンド・プロセス．愛知學院大學論叢法學研究, 51（2），45-112．
池谷孝司（2009）死刑でいいです―孤立が生んだ二つの殺人．共同通信社．
加藤幸雄（2002）被害者感情と非行臨床．日本福祉大学社会福祉論集，106, 1-12．
小長井賀與（2009）更生保護と元犯罪者の社会への再統合．日本犯罪社会学会編：犯罪からの社会復帰とソーシャル・インクルージョン．大学図書．
三島一郎（2007）セルフヘルプ・グループ．日本コミュニティ心理学会編：コミュニティ心理学ハンドブック．東京大学出版会．
正木恵子（2009）更生保護と社会復帰―保護観察所における実践から．日本犯罪社会学会編：犯罪からの社会復帰とソーシャル・インクルージョン．現代人文社．
奥村雄介（2004）精神障害を抱える非行少年の矯正治療と社会復帰―保護観察制度をめぐる諸問題．心と社会，35（3），36-44．

あとがき

　筆者は三十余年の間，家庭裁判所調査官として，少年事件に携わってきた。本書は，少年やその家族との出会いの中で，どのように立ち直りを支援することができるのであろうかと考え，悩んだことが出発点になっている。

　本書では，二つの視点から立ち直りについて検討した。少年の視点と社会の視点である。

　第一の少年の視点から導き出されたのは，少年の抱く疎外感情と疎外感情を生み出す社会からの排除である。少年や家族は，社会から排除されることを恐れて，「よい子」，「よい親」を演じようとする。その結果，あるがままの姿は抑圧され，疎外感をいっそう深める悪循環が見られた。

　第二の社会からの視点では，社会はなぜ少年の受入れに難色を示すのか，検討した。社会の人々の目には，個々の顔をなくしてモンスター化された少年たちの姿が映し出されており，しかも気づかないうちに，隣人として少年たちが暮らしているのではという不安に脅かされていることがわかった。

　この二つの視点から導き出された課題は，実はコインの表裏の関係にある。社会の人々は，個々別々の少年の姿を見ようとせず，あるいは見る機会がなく，他方で少年や家族は，あるがままの姿を見せることができない。少年・家族と社会が，相互に実像と接することを避けていること，すなわち対面した関係性の欠如が，少年の立ち直りを実現させるうえでの課題であると考えた。

　菊池寛の小説『恩讐の彼方に』では，被害者と加害者の対面した関係性により，新たなつながりが生み出されることが描かれている。立ち直りには，対面した関係性により，少年と社会をつなぐ必要がある。すなわち，

少年に関心を寄せる「人」の存在が不可欠である。調査を終えて少年と別れるときに,「よい人に出会ってほしい」と願うことがあった。家裁での短いかかわりでは,うまく誰かにつなぐことができなかった,そんな力不足を思い知らされるときに浮かぶ願いであった。その願いを社会的な仕組みとして具体的な形にしたのが,「人を組み入れた立ち直り支援モデル」である。

　本書は,大阪市立大学大学院生活科学研究科での博士論文をもとに加筆修正したものである。今までの調査官生活の集大成を書こうと大いに意気込んでしまい,右往左往した4年間を,あたたかく見守ってくださった主査の畠中宗一先生に,心から感謝いたします。また丁寧に論文指導いただきました副査の中井孝章先生,岩間伸之先生にお礼申し上げます。

　提言した立ち直り支援モデルは,まだ青写真の段階である。立ち直り支援の第一線で働いておられる更生保護の専門家に,ぜひご意見をいただきたい。また元少年や保護者の方にも声を聞かせていただきたい。

　最後になりましたが,不慣れな筆者に的確なアドバイスを下さった金剛出版の立石正信氏のお蔭で,本書を上梓することができました。ここに感謝の言葉を申し上げます。

　本書の出版に際して,平成27年度科学研究費補助金「研究成果公開促進費（学術図書）」の交付を受けたことを付記します。

2015年5月

廣井いずみ

索　引

【あ】

アイデンティティ　11, 14, 35, 49, 62-63, 68, 76-79, 140
アクチュアリティ　145, 147, 179
移行　14, 36, 81, 98, 108, 118, 121, 123, 126-127, 131-134, 165, 185
　　―期　81, 98
依存　56-57, 86, 91-93, 100-101, 143, 146
逸脱行為　42, 116
居場所　22, 26, 29, 32-33, 37, 55, 58-59, 65-66, 72-73, 75-77, 79, 81, 103-104, 114, 122, 125, 128-129, 139-140, 142, 158, 172, 177
　　―がある　59, 80
　　―がない　59, 66, 81, 114, 117-119
　　―感　128-129
　　―機能　104, 109, 122, 130
　　―機能のある環境　104
　　―のない不安　64, 71, 73, 77-79, 81
　　―のなさ　59, 79, 128-129
イラショナル・ビリーフ　159-160, 162-168
インフォーマルな統制　43, 45, 47
　　―な捉え方　10, 43
受け入れ
　　―られない　52, 75, 77, 177
　　―られる　45, 51-52, 77, 112, 139, 178, 180
器としての家庭　83, 98
エンパシー　73
親支援　10, 137, 149-150, 154, 159, 177-178
親離れ　55

【か】

解離　74-75, 85, 101, 106-107, 113, 125
抱えてくれる取り入れ物　97
抱える場の衰退　128-129
過剰適応　61, 64, 66-73, 75-76, 78-79, 81-82, 97, 139-142, 177-179
　　―の見直し　70, 72
　　―を緩める　69, 71, 73, 80, 139, 142
葛藤　67-80, 98, 109, 111, 114, 117-119, 121, 125-126, 128, 157-158, 162
　　―状況　68, 71-72
　　―的な循環　117
　　―の循環　118-119, 121, 128
家庭裁判所調査官　7, 59, 101, 134, 181
家庭内疎外　53, 83, 95-96, 103-104, 128, 137, 175-176, 190
家庭につなぐ　80
仮退院　19-20, 105, 107-108, 115-116, 131, 185
環境　7, 11, 21, 33-35, 37, 49, 53, 55, 58-59, 67, 77, 79, 81, 84-86, 91-92, 98, 103-105, 107-110, 113, 123-124, 128, 130-131, 133, 176
環境調整命令　53, 103-105, 109, 123, 128, 131, 133
環境の居場所機能　104, 109, 130
環境へのしがみつき　81
関係性の視点　102, 164
感情移入　73-74
教育的観点　182
切れる循環　117-119, 121-123, 128
グラウンデッド・セオリー・アプローチ

154
継続性 132, 180-182, 185
現実吟味 72
現実検討 70-71
更生 10, 20-21, 26, 29-31, 33, 35-36, 39, 45-48, 104, 124
更生保護施設 20-21, 24, 27-31, 33-36, 44-46, 51, 124
個人の枠組み 139-140
個別性 142, 145, 176-182, 189

【さ】
在宅試験観察 59
自我の再統合 58, 83
試験観察 59-62, 68-69, 73, 181-182
自己疎外 8, 11-12, 53, 55, 76, 101, 103-104, 128, 137, 139-140, 149, 159, 175-176, 180, 189-190
　―感 12, 176-177
支持 63, 69-73
事実性 147
実動性 147, 179
自分
　―がある 80
　―でないもの 74-75
　―のない不安 75
　―らしくいる 77
司法の枠組み 139-141, 143
社会適応 11, 21, 66-67, 78, 81, 128, 140, 177
社会適応的
　―傾向 66-67
　―な行動 67
社会的
　―絆 185
　―孤立 129, 149, 188

―ネットワーク 37
―排除 8, 10, 12-14, 37, 53, 103, 128-129, 137, 175-176, 178, 183, 189-190
―包摂 13-14, 20, 35
―養護 123, 126-127
社会内処遇 44, 112, 131, 176
社会の
　―視点 17
　―目 27, 29, 31, 36
社会復帰 10, 19-20, 24, 32, 107, 131, 172, 183, 186, 190
社会防衛的な観点 182
重要な他者 73-75, 97, 100, 177
主体性 9, 62, 68, 80, 112, 140, 190
　―の回復 9
少年本人の視点 9
情緒
　―的ネグレクト 84
　―的不在 95-96
少年院 11, 19-21, 23-34, 36-37, 46, 61, 67, 104-109, 123, 131-134, 155, 159, 172, 175, 182, 184-185
少年
　―個人の枠組み 139
　―の視点 9, 17, 55, 175-176
　―非行の凶悪化 42
処遇終了後の先へとつなぐ支援 183, 185
ステイタス・オフェンス 40
青年期 55-58, 83-86, 95, 97-100, 139, 159
セルフヘルプ・グループ 11, 132, 151-152, 165-166, 168, 185
相互性 145-147, 167, 178-182
疎外 8, 10, 12, 14, 19, 55-58, 75-76, 83, 95, 97, 103-104, 146, 149, 165, 176-178, 180, 183-185
　―感 8, 12, 56, 83, 114, 116, 149, 176,

索　引

183
　—状況　55

【た】
体験的知識　166
第二の分離個体化
　—過程　55
　—期　56
立ち直り　7-11, 17, 27-28, 34-37, 39, 51-52,
　　55, 59, 91, 101, 103, 109, 131, 139, 143,
　　145, 151-152, 175-176, 178, 181, 184,
　　186, 188-189
　—支援　8, 11, 17, 19, 52, 58, 137, 139,
　　143, 147, 149-150, 175-178, 180, 183,
　　188-190
地域コミュニティ　36, 39-40, 43, 51, 122,
　　133, 150, 152-153, 155, 157, 160, 162-
　　163, 170-173, 175, 178, 189-190
中間的な選択　65, 72
中途半端な接合　14, 35
匿名性社会　44

【な】
内的疎外　97
内的な自己疎外　75
内容分析　17, 19, 27
ネグレクト　83-86, 95-99, 102, 119, 126-127

【は】
排除
　—意識　45
　—型社会　48-49, 51
　—感情　39, 42-43, 52, 178
　—される不安　73
犯罪者観　45
反社会的
　—傾向　66-67

　—な行動　67
非行観　39-40
非自己　74-75, 77, 79
人を組み入れた立ち直り支援モデル　185
ビリーフ　163, 169
ファクチュアリティ　145, 147
フォーマル
　—な統制　43
　—な捉え方　43
不適応　58, 113, 116-117, 119, 122
分離不安　58, 86, 99-100
ヘルパー・セラピー原則　167
包摂型社会　48
保護観察　11, 20, 23-25, 28-31, 33-34, 45,
　　51, 89, 94, 106, 133-134, 181-183, 185
保護司　23-25, 29, 31, 61-62, 67, 89, 106,
　　116, 122, 133

【ま】
見捨てられ不安　86, 96, 101, 114
見守る　69, 71, 81, 182
モンスター化　52, 178

【や】
良い患者　78
良い自分　74

【ら】
ラショナル・ビリーフ　163
ラップアラウンド・プロセス　188, 189
連続性　72

【わ】
悪い自分　74

【アルファベット】
HI　97-100, 102
Holding Introject　97

leaving care 130, 133

SOSのサイン 89, 97, 102

【人名】

Adler 97

Blos 56-57, 82

Chapman 74, 78

Ellis 163

Erikson 55, 77, 147

福島 73, 75-77, 97

笠原 55-57

Kenniston 55

北山 58, 81

小此木 57, 139

Model 99

Sullivan 55, 74-75

Young 48-49

初出一覧

第1章　書き下ろし
第2章　書き下ろし
第3章　「居場所」という視点からの非行事例理解．心理臨床学研究，18(2)，129-138. 2000
第4章　情緒的ネグレクトの視点からの非行理解。思春期青年期精神医学，17(1)，56-65. 2007
第5章　環境調整命令事例に見る非行化のプロセスと立ち直り支援―環境の抱え機能の視点からの研究．司法福祉学研究，12, 12-30. 2012
第6章　書き下ろし
第7章　子の反社会的問題で悩む母親のイラショナル・ビリーフの変容過程―子どもの非行で悩む親の会に学んだこと．司法福祉学研究，13, 45-65. 2013
終　章　書き下ろし

（既出の章は修正を加えている。）

【著者略歴】

廣井 いずみ（ひろい いずみ）

1977 年　関西学院大学文学部卒業
　　　　家庭裁判所調査官として少年事件・家事事件に携わる。
2014 年　大阪市立大学大学院生活科学研究科博士課程修了　博士（学術）

現　在　奈良大学社会学部心理学科教授，臨床心理士

非行少年の立ち直り支援
──「自己疎外・家庭内疎外」と「社会的排除」からの回復──

2015 年 6 月 20 日　発行
2015 年 6 月 30 日　印刷

著　者　廣井いずみ
発行者　立石　正信

発行所　株式会社 金剛出版
印刷・製本　日本ハイコム

〒112-00005　東京都文京区水道 1-5-16
電話 03-3815-6661　振替 00120-6-34848

ISBN978-4-7724-1429-6　C3011　　　　　　Printed in Japan　©2015

非行臨床の新潮流
リスク・アセスメントと処遇の実際

［編著］=生島 浩　岡本吉生　廣井亮一

●A5判　●上製　●200頁　●定価 **2,800**円+税
● ISBN978-4-7724-1201-8 C3011

多角的に非行臨床の現在を捉え
非行予防から地域生活支援までの
非行少年「立ち直り」の新しい流れを
気鋭の実践家，研究者がレポートする。

子どもと家族の法と臨床

［編］=廣井亮一　中川利彦

●A5判　●上製　●264頁　●定価 **3,400**円+税
● ISBN978-4-7724-1127-1 C3011

現代の子どもと家族が直面する問題／紛争を，
法律と心理臨床の
コラボレーションで解決するために
必要な知識を基礎から解説。

司法臨床の方法

［著］=廣井亮一

●A5判　●上製　●200頁　●定価 **2,800**円+税
● ISBN978-4-7724-0969-8 C3011

少年非行や家族紛争など家庭裁判所調査官の実践を基に，
法と臨床の狭間に置かれる実践家に
必要とされる方法規準を，
多くの事例を交えながら考察する。